Viejos conventos de Guadalajara

tierra de
guadalajara

132

guías

Antonio Herrera Casado

Viejos Conventos de
Guadalajara

aache
ediciones

datos para conocer el patrimonio

Guadalajara 2024

© Antonio Herrera Casado, del texto.
© Aache Ediciones, de las fotografías e infogafías

Producción, maquetación, y edición electrónica:
AACHE Ediciones
C/ Malvarrosa, 2 (Las Lomas) - Telef. 949 220 438
19005 - Guadalajara
E-Mail: editorial@aache.com
Internet: **www.aache.com**

Impresión:
PodiPrint
C/ Cueva de Viera, 2
29200 - Antequera (Málaga)

Impreso en España - Printed in Spain

I.S.B.N. 978-84-19813-23-7
Depósito Legal: GU-28/2024

Índice

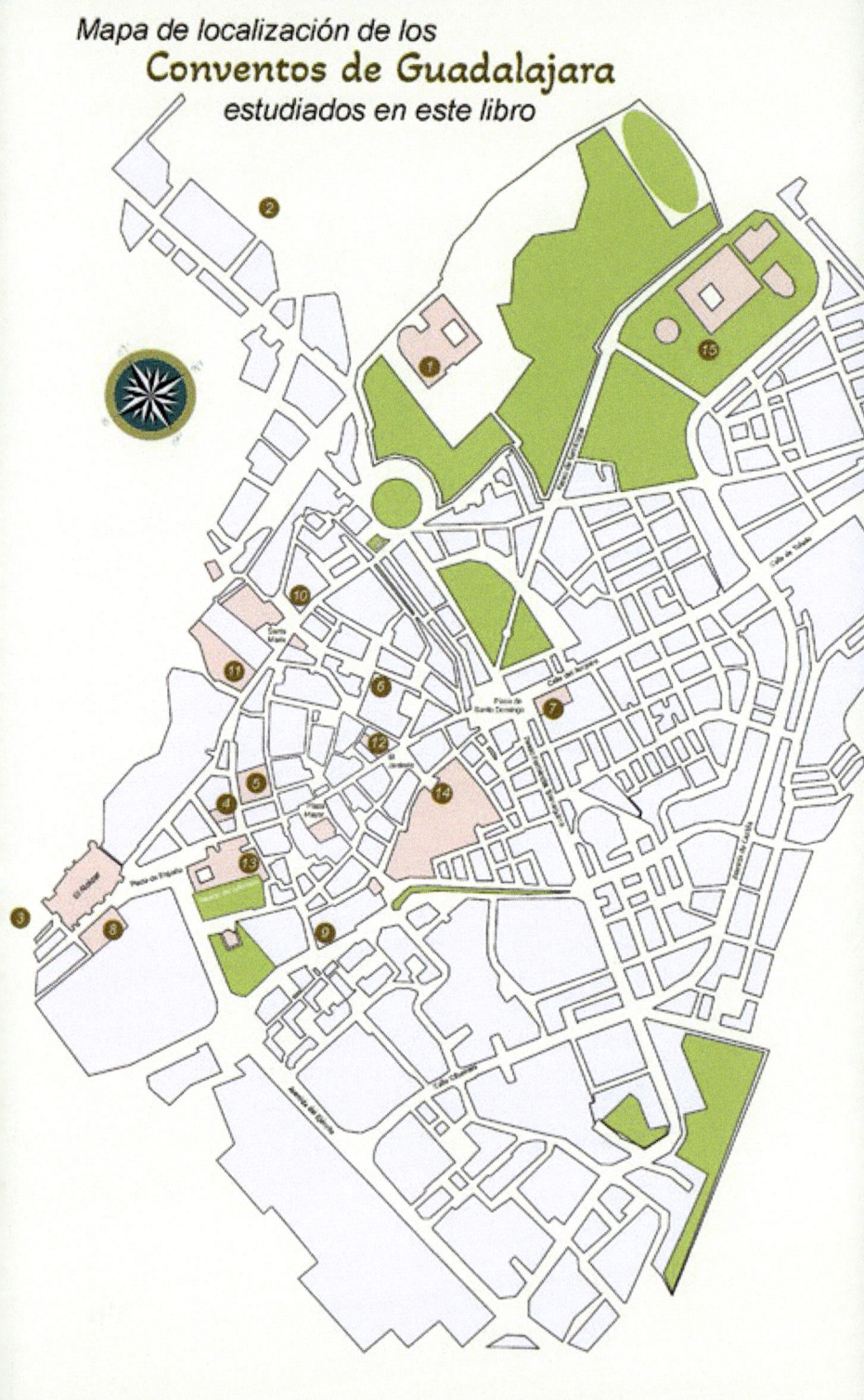

Mapa de localización de los
Conventos de Guadalajara
estudiados en este libro

Viejos conventos de Guadalajara

Localización en el Plano

1 - San Francisco, *franciscanos*
2 - San Bernardo, *bernardas*
3 - San Antolín, *mercedarios*
4 - Santa Clara, *franciscanas clarisas*
5 - La Piedad, *franciscanas*
6 - San Acacio - *franciscanas concepcionistas*
7 - Santo Domingo, *dominicos*
8 - Los Remedios, *jerónimas*
9 - San Antonio, *franciscanos capuchinos*
10 - Las Vírgenes, *carmelitas descalzas*
11 - San José, *carmelitas descalzas*
12 - Santísima Trinidad, *jesuítas*
13 - San Juan de Dios, *hospitalarios*
14 - La Epifanía, *carmelitas*
15 - San Diego de Alcalá, *adoratrices*

Introducción

Tiene su interés hacer una recopilación de lugares de devoción y liturgia, de reglas observantes y capítulos de oración y meditaciones. Porque de la historia siempre se aprende, y de sus huellas podemos sacar conclusiones, y sorpresas. En una recapitulación sobre monasterios y conventos en la ciudad de Guadalajara, aun poniendo de forma destacada la historia de uno de ellos, se colige que el conjunto del burgo vio crecer y vivir a una buena nómina de instituciones de este tipo, que especialmente entre los siglos XV al XIX, periodo al que denominamos históricamente *"el Antiguo Régimen"*, marcaron el paso de la ciudad, de sus cotidianas actividades y de sus fiestas más preeminentes.

Un total de 15 conventos, de los que hoy quedan vivos tres, pero de los que sabemos que, en un momento de mitad del siglo XVIII, todos estaban abiertos, activos y creando unos intereses particulares en torno a cada uno de ellos. Las fundaciones clásicas del *"ordo medievalis"* (los monjes del Císter), los populares mendicantes del Bajo Medievo (franciscanos más clarisas, dominicos) y aquellos otros con misiones específicas, como los esforzados mercedarios, las jerónimas que daban fe femenina de una Orden genuinamente española y alcarreña como la de San Jerónimo, las y los carmelitas, eje del misticismo hispano, los jesuitas como orden militante y avanzada en sus estudios, o los hermanos de San Juan de Dios con sus hospitales y su asistencia sanitaria, hasta llegar a una de esas congregaciones religiosas nacidas en la reacción frente a la Revolución Francesa, y como aportación de la Iglesia al movimiento liberal universal, las adoratrices benefactoras de sectores muy concretos de la sociedad... como se puede ver, en Guadalajara ha habido todo tipo de instituciones religiosas que, en el interior de sus casas/conventos, o en la misma calle cuando correspondía, dieron vida a la ciudad.

Como casi todas las grandes ciudades de España, Guadalajara fue una ciudad conventual, especialmente densa en el siglo XVIII, que a pesar de ser "el de las Luces" continuó la inercia conventual y frailuna que se arrastraba desde siglos antes. Deleito y Peñuela en su estudio sobre la religiosidad en la España de Felipe cuarto, nos dice de las inmensas multitudes, sobre todo de varones, que se metían a frailes por dos motivos: uno era el hambre de la nación, que entre los muros de los conventos se mitigaba con suficiencia, y otro el borrarse de las listas de levas para ir a participar en esas guerras de religión en Centroeuropa donde paraban multitud de jóvenes. Tal afluencia de chicos y mayores a las puertas de los conventos para profesar, propició que la formación, en términos generales, de ese clero claustral fuera muy baja.

En el lado de las monjas, las cosas eran algo distintas. Muchas chicas se quedaban solteras por no haber suficientes varones para todas, y a las ricas las destinaban sus padres al

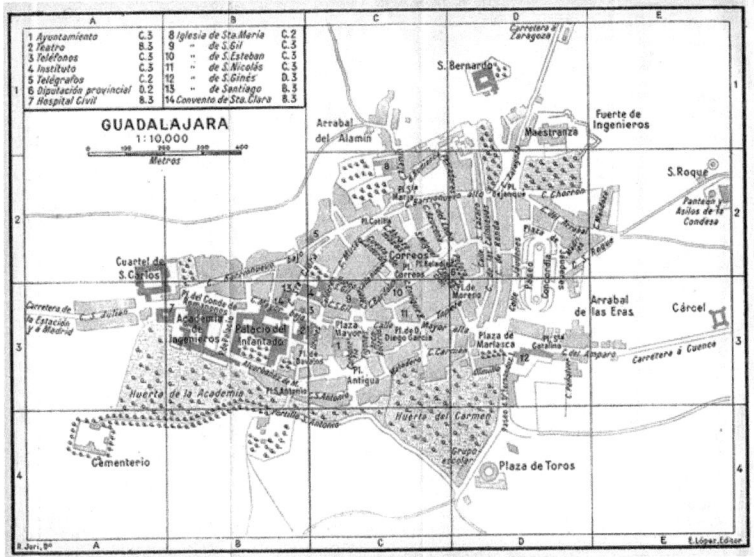

Plano de Guadalajara
editado por E. López
hacia 1900

claustro, aunque hubiese que pagar altas dotes. Y las pobres se esforzaban por entrar, para también conseguir una manutención fácil. De tal manera, que mediado el siglo XVII los miles de conventos abiertos en España estaban a rebosar, y ejercían su fuerza, social y económica, a la par que tintaban el espacio todo de la nación con sus rezos, procesiones, liturgias y acompañamientos en celebraciones diversas.

De esas flojas ansias espirituales, venían las consecuencias chuscas de comprobar cómo entraban y salían de los conventos sus huéspedes. Decía Espinel por boca de "El escudero Marcos de Obregón" que "a pocos lances, o desamparasen el hábito, o el hábito les desamparase a ellos. En una ciudad pequeña como Guadalajara, a finales del siglo XVII, en la época del beatísimo Carlos II, no bajaban del medio millar

Plano de Guadalajara
dirigido por el General Ibañez de Ibero
1880

los individuos (sumando a ellos con ellas) que vivían su orden en el interior de los conventos arriacenses. Lo que venía a ser casi el diez por ciento de la población. Se sabe que la misa de doce de los domingos en la iglesia de las franciscanas de La Piedad, reunía a lo más selecto de la sociedad de Guadalajara, porque padres y hermanos acudían a saludar a las chicas de alta sociedad que habían profesado en aquel cenobio. Y que también en San Francisco, los de barrios más alejados del centro, llenaban el enorme templo por ver como desfilaban por sus corredores el largo centenar de frailes pardos que en él habitaban. Aparte de ello, raro era el día que no se veía una procesión por la calle mayor, o por la de Barrionuevo, en que detrás del féretro de algún anciano andaban tras sus cruces los cabildos de eclesiásticos seculares o las turbas blanquinegras de los dominicos, las albas de los mercedarios, o cualquier otra turba de regulares. Que a veces se peleaban entre ellos por destacar. Era común que la gente, en sus testamentos, dejara buenas mandas a los conventos con tal de que en su entierro lo acompañaran la completa nómina de sus afiliados, y después, y durante meses, les dijeran misas, muchas misas en pro de la tranquilidad de sus almas.

Los conventos de que hacemos memoria ocupan la de la ciudad de Guadalajara desde poco después de su reconquista a los musulmanes, hasta hoy mismo. Una potente y destacada "curva de Gauss" nos dice que a partir del siglo XII se pusieron conventos, y que poco a poco fueron aumentando en número, variedad de órdenes, y contenido en habitantes. Por estar la ciudad constreñida entre sus murallas que la definían entre dos profundos barrancos, muy pocos de estos conventos se fundaron en su interior. Las clarisas primero, las franciscanas de la Piedad después, más las carmelitas... pero lo más frecuente fue que estos se levantaran en las afueras, más allá de las murallas, frente a las puertas de entrada. Y así las bernardas de junto al Alamín, los mercedarios delante de la puerta de Madrid, los franciscanos de junto a Bejanque, o los dominicos de frente al Mercado. Por los arrabales que en torno a ellos se formaron fue por donde creció la ciudad.

El Concejo los recibía con agrado, y la población también. En una sociedad muy religiosa, y amante de las ceremonias y los boatos, el tener entre sus muros a conventos de monjas y frailes que a diario rezaban por sus almas, era como tener un seguro frente al incierto destino del alma tras la muerte. Limosnas diarias, reparto de caridades en fiestas señaladas, y procesiones de santos votados o alumbramientos de las reinas consortes eran momentos, muy repetidos, en los que el pueblo daba limosnas y aseguraba su porvenir almamentístico. Sin embargo, las órdenes mantenían entre ellas una suspicacia constante, cuando no una clara enemistad que a veces (pocas, pero alguna ocurrió) terminaban peleados y dándose en las espaldas con las cruces procesionales que, doradas y esmaltadas, lucían al principio de sus desfiles.

Desde el siglo XII digo, al XX mismo, Concejo y aristocracia, más luego burguesía de larga mano, fueron fundando conventos y amparando instituciones, de las que alguna memoria queda, y de la que aquí quiero dar fe, porque no se pierda tan densa y curiosa relación de nombres y de hechos. Sobre todo, para evocar los lugares donde se alzaron estos conventos, y la imagen que a la ciudad daban cuando eran altos, y brillantes, sus frontispicios.

Como a todos los edificios viejos, y como a cualquier elemento del patrimonio heredado que nos rodea, a los conventos de Guadalajara les conviene tener sobre sí tres miradas. La primera es la de la historia: saber de sus orígenes, de su fundación, de sus donantes, de su enriquecimiento, de los personajes que en él habitaron, etc.

Luego se debe contemplar la enjundia de su figura, los ámbitos en que se constituía, el espacio creado por sus templos (fachada, naves, contenido en altares, imágenes y pinturas...) y en tercer lugar lo que de él se decía, las leyendas de que nacía, los refranes que originaba.

Esa viene a ser, escuetamente tratada, la estructura de cada uno de los elementos que en este libro se tratan. Aquí, en todo caso, se pueden destacar las más importantes de estas características. Y así, de la faceta histórica, cabría decir que el convento de San Francisco fue uno de los más antiguos, de los de fundación regia, y leyenda templaria. En el aspecto patrimonial, probablemente el de las franciscanas de La Piedad sea el más notable, al haber sido instalado sobre uno de los primeros edificios del estilo renacentista en España, y el propio Covarrubias haber puesto mano sobre él, en su fachada y edificio ritual. Y al fin el de San Antolín, de los frailes mercedarios, por aquello de que en él profesó Tirso de Molina, y entre sus muros vivió largo tiempo, y escribió algunas de sus más conocidas obras teatrales.

De la historia de estos "conventos de Guadalajara" escribieron antes varios autores. Especialmente notable es el libro que firmó don Francisco Layna Serrano en 1946 y que tituló *"Los conventos antiguos de Guadalajara"*, enorme de tamaño, páginas y fotografías. Con relación de personajes, documentos, bienes allegados y viajes de agua conseguidos. También fue curioso el que Juan Diges Antón escribió en 1917 sobre la casa de las Clarisas en la parte baja de la calle mayor, más el análisis concienzudo del convento franciscano por Víctor Bonilla en 1999, y poco más que breves alusiones a algunos de ellos en los trabajos de Miguel Ángel Muñoz Jiménez sobre las tareas del arquitecto carmelita fray Alberto de la Madre de Dios, de Antonio Ortiz sobre las franciscanas de la Piedad y los trazos históricos en torno a María Diega Desmaissières por parte de Pablo Herce Montiel en su estudio de la obra social de esta rica dama hispana.

Escuetamente relacionados, estos son los quince conventos de Guadalajara de que se trata en este librillo. Solamente hay tres ocupados: uno de ellos, el de Carmelitas de San José, por la primitiva Orden a la que fuera asignado. Otro, el de la Epifanía o del Carmen, por comunidad diferente a la de su origen. Y el tercero, el conjunto dedicado a San Diego de Alcalá, que fue donado a la congregación de Adoratrices años después de su creación. En ellos se sigue alabando a Dios cada mañana. De los otros cinco todavía existentes, puede decirse que han quedado parcialmente conservados, bien en su templo, bien en sus estructuras. Son los de San Francisco, que encabeza esta obra, del que queda todo, aunque con un destino bien diferente al de su constitución. Y son los de las clarisas (hoy parroquia de Santiago), los dominicos (hoy parroquia de San Ginés), los jesuitas (hoy parroquia de San Nicolás), las franciscanas de la Piedad (hoy Instituto "Liceo Caracense" de Enseñanza Media), y las jerónimas de los Remedios, de cuya iglesia hace uso, muy de vez en cuando, la Universidad de Alcalá como paraninfo de su campus de Guadalajara. En total, nueve conventos que nos dejan ver su estructura, completa o fragmentaria. Y seis de los que sabemos ubicación y tenemos memoria, pero ya nada queda.

Como un ensayo de memoria va este breve libro, que, como todos los que ha firmado su autor, quiere incidir en los tres aspectos que nos llevan a la conservación de nuestro patrimonio heredado: el conocimiento veraz de lo que ha existido, o aún existe; su valoración medida, sabiendo lo que de relieve encierra cada edificio, cada silueta y cada narración histórica; y su defensa cumplida, de cara a derribos, olvidos o mixtificaciones que nos harían perder uno de los pocos valores que nos quedan en esta vida, los de ser propietarios en común de un pasado que nos legaron las anteriores generaciones, y del que estamos obligados a ser guardianes para, a nuestra vez, dejárselos en herencia a las que nos continúen.

San Francisco

Aunque este libro está dedicado al repaso de la historia y patrimonio de los edificios que sirvieron como monasterios y conventos de la ciudad de Guadalajara a lo largo de los siglos, empiezo por uno de ellos y le dedico mayor relieve que a los otros, dado que en estos días está siendo motivo de interés destacado por la opinión pública, y por las gentes que se preocupan por el conocimiento, valoración y defensa de su patrimonio monumental. El convento de San Francisco, que desde el siglo XIV viene concediendo su característica silueta al extremo oriental de la vieja ciudad, fuera de sus murallas y como en cúspide vigilante sobre una colina que avizora al caserío, fue muchos siglos un emblema y una razón, una muestra clara de la piedad y religiosidad de sus habitantes. Como todas las fundaciones mendicantes, levantadas y sostenidas por los frailes que vivían de las limosnas, se erigió a las afueras, porque los poderes establecidos con anterioridad, y sobre todo la clerecía ciudadana, les imponía ese apartamiento. Los siglos, sin embargo, le fueron dando un relieve digno de las más claras notas históricas, y este convento que se pobló con centenares de frailes, se mostró siempre como diana del cariño del Concejo y de los habitantes del burgo.

Situado este antiguo monasterio medieval sobre una de las cotas más elevadas y con mejor perspectiva de la ciudad de Guadalajara, la tradición y la Crónica General de la Orden de San Francisco, escrita por fray Pedro de Salazar en 1612 nos dice que esta institución fue creada para los frailes/caballeros templarios por la reina doña Berenguela, hacia los años finales del siglo XIII. La disolución de esta orden legendaria y la desaparición de sus archivos, nos impide hoy confirmar tal noticia.

Y siguen las tradiciones de antiguos cronistas diciéndonos que a la disolución del Temple, en 1330, las infantas Isabel y Beatriz, hijas de Sancho IV, y señoras a la sazón de Guadalajara, cedieron a los franciscanos la facultad de residir, predicar y disfrutar de aquel antiguo edificio y sus instalaciones anejas, entre las que figuraba un denso bosque.

Desde la plaza de Bejanque, se puede admirar en su conjunto la iglesia del convento de San Francisco, y los edificios que la entornan, y que reflejan la evolución de su destino, de convento a fuerte militar, y ahora centro cultural y de recreo.

En su viaje por Guadalajara, hacia 1839, el pintor gallego Genaro Pérez Villaamil, ya aplaudido internacionalmente, realizó algunos apuntes que luego le sirvieron para completar diversas láminas de grabados y algún que otro óleo. De los grabados, impresos en París en 1842 por primera vez, destacan dos dedicados al palacio del Infantado, uno a la capilla de Luis de Lucena, uno al claustro del monasterio jerónimo de San Bartolomé en Lupiana, y otro al convento de San Francisco visto en la distancia. Pero de aquella visita y sus apuntes surgió luego un gran cuadro, que no tituló, pero que hoy se conserva en el Museo Thyssen de Málaga. En principio se tituló "Corrida de toros en un pueblo de España", pero posteriormente se ha clasificado con el título de "Corrida de toros en Guadalajara", tras ser bien identificado el lugar de la escena. Que no es otro que el amplio plazal de Bejanque, viéndose en el cuadro, además de una gran masa de gente que asisten a una corrida de toros, algunos edificios muy representativos, como son el gran monasterio de San Francisco, idealmente tratado como una gigantesca construcción en lo alto de un cerro, así como la Puerta de Bejanque de la antigua muralla, un caserón que sería la gran Fonda del Camino de Zaragoza, y una picota o rollo de jurisdicción que estaba situada en esa misma plaza.

De Genaro Pérez Villaamil (El Ferrol, 1807 – Madrid, 1854) cabe decir que es el gran maestro español del paisajismo pintoresco y monumental puesto en boga por el romanticismo. Excepcionalmente dotado para el dibujo, de ejecución rápida y precisa, su fecundísima producción compuesta por una enorme cantidad de pinturas, acuarelas, y apuntes a lápiz y pluma, está dedicada fundamentalmente a las vistas panorámicas de monumentos, ciudades o paisajes naturales, transformados por la imaginación romántica del artista, que altera algo su verdadera realidad para conseguir un resultado más espectacular y grandioso, pero que siempre consigue un especial sentido decorativo y un lenguaje pictórico de brillante colorido.

Nave de la iglesia del convento de San Francisco de Guadalajara.

El dato cierto es que ya en 1364 estaban instalados unos frailes en aquel lugar, con prestigio entre la población, y recibiendo cada año del Concejo una limosna consistente en la mitad de lo que rentase el impuesto sobre la harina. En cualquier caso, es fácilmente datable en la primera mitad del siglo XIV el asentamiento de la comunidad franciscana en Guadalajara, en el lugar donde hoy existen los restos, magníficos y poco conocidos, de su convento medieval.

A finales de ese mismo siglo, llegan a Guadalajara los componentes de la familia Mendoza, y desde ese momento colman de atenciones, de bienes, de facilidades y construcciones a esta comunidad. Así, don Pero González de Mendoza, primer señor de Hita y Buitrago, en su testamento redactado en 1383 ordena ser enterrado en el monasterio de franciscanos de Guadalajara, vestido con el hábito de la Orden, iniciando en ese momento la construcción del claustro. Este don Pero, al que damos por primer Mendoza en nuestra ciudad, construyó en Guadalajara cerca de la parroquia de Santiago sus casas principales, y en ellas residió de forma habitual por haberse encariñado con esta villa en la que había nacido y en la que fue acumulando muchas rentas y preeminencia destacada. Eran don Pero González de Mendoza y su segunda mujer doña Aldonza Fernández de Ayala personas muy devotas, según nos dice Layna, y por ese cariño y devoción se dedicaron a ayudar a las nacientes instituciones religiosas del burgo. Luego fue su hijo, don Diego Hurtado de Mendoza, que alcanzó el nombramiento de almirante de Castilla, quien heredó de sus padres no sólo cuantiosas riquezas, sino el amor a la villa alcarreña donde vivió el tiempo que le dejaron libre sus excursiones marítimas contra moros y portugueses, o los enredos cortesanos durante la minoridad y corto reinado de Enrique III *el Doliente*; la población correspondió a estos cariños, y a pesar de ser de realengo, le hicieron de forma práctica su señor de hecho entregando en sus manos el nombramiento de regidores, y otros oficiales del Concejo, según el acuerdo por este tomado en 1395. Durante siglos adelante, la ciudad trataría de quitarse este privilegio que ponía en manos de los Mendoza el poder de la villa. Se sucedieron los pleitos y al final se recuperó la capacidad de que, conforme a ciudad de realengo, fueran los propios ciudadanos los que cada año, por San Miguel, hicieran sus juntas, sus elecciones y sus nombramientos de alcaldes y concejales.

En esta época del dominio de don Diego el Almirante, concretamente en 1395, un incendio destruyó casi al completo este naciente y todavía pobre monasterio. Fue a raíz de entonces que el titular de los Mendoza, el Almirante don Diego Hurtado, decidió reconstruirlo de nuevo, haciéndolo mejor y más grande que el anterior. Además, lo constituyó en templo que hiciera de panteón para enterramiento de todos los miembros señalados de la familia.

Su hijo, don Iñigo López de Mendoza, primer marqués de Santillana, en la primera mitad del siglo XV, cambió la comunidad de claustrales por miembros de la Nueva Observancia, pudiendo hacerse este cambio gracias a una Bula del Pontífice Calixto III solicitada por el referido marqués. Fue don Iñigo quien imprimió un gran empuje a las obras de la iglesia y convento, donando buena porción de obras de arte, e iniciando la instalación, a los lados del presbiterio, de los primeros enterramientos mendocinos. El propio marqués dejó mandado ser enterrado en ese mismo lugar, junto a su esposa doña Catalina de Figueroa. Todavía su hijo Diego, primer duque del Infantado, siguió construyendo las diversas capillas del templo, levantando unos lujosos mausoleos de tipo gótico-flamígero para albergar los restos de sus padres, en el presbiterio.

Todavía a finales del siglo XV, otro hijo del marqués de Santillana, el gran Cardenal de España don Pedro González de Mendoza, favoreció generosamente a este convento: donaciones y limosnas, conclusión de las obras del templo, ampliación de su capilla mayor derribando el anterior ábside, y alargando la nave en longitud hasta hacerla un templo de apariencia catedralicia. El Cardenal Mendoza propuso también la instalación de un gran retablo mayor para rellenar el muro del presbiterio, encargándole la construcción y pintura de ese gran retablo a Antonio del Rincón, y encargando además la talla de una sillería coral. Amplió el refectorio para que contuviera hasta 100 frailes, y planeó el aumento de espacio en el claustro.

Este empuje dado a San Francisco por los Mendoza, supuso que otras familias de Guadalajara se fijaran en este lugar para poner en su iglesia el lugar de enterramiento familiar, construyendo incluso capillas laterales, y entregando sustanciosos donativos. Tal hicieron los Gómez de Ciudad Real, los Orozco, los Ávalos, los Velázquez, los Velasco y los Castañeda. En el siglo XVI alcanzó el monasterio arriacense de San Francisco su momento de mayor gloria, siendo ocupado por 70 frailes, surgiendo de entre ellos algunas personalidades de interés. Así

Más de cien dragones pueblan la bóveda del presbiterio de San Francisco.

fray Bernardino de Torrijos, quien durante 50 años brilló como renombrado predicador; o el provincial de la Orden, fray Antonio de Córdoba, a quien durante los muchos años que residió en este cenobio venían muchos a consultar difíciles cuestiones. Otros varios provinciales de Castilla residieron en este edificio: fray Juan de Lillo, fray Dionisio de Portugal y fray Pedro de Álava. Existió una biblioteca muy valorada, y en sus salones se impartieron las enseñanzas de Arte y Filosofía Moral, tanto para que las recibieran los religiosos del convento, como los seglares de la ciudad, que en gran número subían hasta él para escuchar a las máximas figuras del saber franciscano de la época. Por esta razón podría decirse que San Francisco fue, en la época del Renacimiento y brillo de esa "Atenas Alcarreña" que algunos han considerado que existió a lo largo del siglo XVI, el primer centro educativo de relieve en Guadalajara, una especie de "pequeña Universidad" en la que se podían cursar estudios de Gramática, Filosofía, Teología, Lógica y Matemáticas.

Todavía en el siglo XVII los Mendoza continuaron ayudando a los frailes mínimos. La sexta duquesa, la devota doña Ana de Mendoza, ayudó a esta comunidad construyendo un nuevo retablo mayor, ya en estilo manierista, que se concluía en 1625, y contaba con grandes columnas, imágenes y tallas así como numerosos cuadros de buena mano por él distribuidos. Tras este retablo, abrió una pequeña capilla como provisional lugar de descanso de los ascendientes de doña Ana ya muertos y sin lugar en el presbiterio para ser enterrados. Más tarde aún, en tiempos del décimo duque, don Juan de Dios de Silva y Mendoza, se construyó el gran panteón familiar, en una impresionante manifestación arquitectónica barroca, concluida en 1728 y dirigida por los maestros Felipe Sánchez y Felipe de la Peña: la "cripta" famosa que hoy, ya recuperada tras siglos de ruina, muestra la grandiosidad de los Mendoza alcarreños, y su apoyo a los franciscanos de la ciudad.

Vista aérea del conjunto del antiguo convento de San Francisco. En sus costados, sendos bosquecillos que hoy sirven de parque a la ciudad, y en la prolongación meridional, los talleres de la Maestranza de Ingenieros, y viviendas antiguas.

El siglo XIX marca el declive completo del monasterio franciscano de Guadalajara. Durante la Guerra de la Independencia, el general Sebastián pasó por Guadalajara con las tropas francesas, incendiando y destruyendo cuanto encontraba a su paso. San Francisco quedó constituido como cuartel general de las tropas napoleónicas, usándose sus maderas y materiales combustibles como leña, recibiendo un indescriptible daño la cripta y el panteón de los Mendoza. Las leyes de la Desamortización de 1835 declararon extinto el monasterio, y en 1841 pasó a pertenecer al Ministerio de la Guerra, creando en su entorno el

"Fuerte de San Francisco", con nuevas murallas y torreones de estilo militar, grandes talleres, máquinas y elementos de apoyo a la industria militar, pasando finalmente a poder de la ciudad en el año 1998. El municipio ha cedido la iglesia al Obispado de Sigüenza, y el resto de dependencias esperan una decisión de uso. En la que, a pesar de ser el conjunto hoy propiedad del Ayuntamiento capitalino, es la Junta de Comunidades de Castilla La Mancha, la que tiene adquirido el compromiso y dotados los fondos necesarios para convertir aquel recinto tan cargado de historia, en un Centro Cultural con diversas aplicaciones a la formación y disfrute de los ciudadanos alcarreños.

En cuanto a la descripción de este impresionante monasterio franciscano, cabe decir que se encuentra enclavado en un ámbito de gran encanto, levemente apartado del movimiento diario de la ciudad, encerrado entre un parque constituido por denso bosque y las murallas del Fuerte militar que en su día le rodeó. Decía el Cronista Real, Alonso Núñez de Castro en su "Historia de Guadalaxara" a mediados del siglo XVII que *El sitio deste magnífico Convento es de la mayor eminencia que ay en la Ciudad, está fabricado en la extremidad de el arrabal de Santa Ana fuera de los muros, cuya subida aunque tiene lo áspero de una questa, goza de lo apacible de una calle poblada de alamos negros disforme en la altura, que hazen sombra a toda ella y componen una verde y espesa alameda que causa no pequeña recreacion a los ojos.*

De todo el conjunto monasterial, quizás lo más interesante que se ofrece al visitante es el edificio de su iglesia, a la cual está anejo, con algunas modificaciones modernas, el convento. Existe la duda sobre su arquitecto diseñador ¿Sería Juan Guas?

Esta iglesia de San Francisco descuella con sus altos muros y su torre sobre los tejados y los parques de la ciudad. De ella

Vista del claustro del convento de San Francisco de Guadalajara.
Se trata de una construcción sencilla, que ha sido modificada
y reformada varias veces a lo largo de los siglos. La actual disposición
es del siglo XIX, cuando se instaló allí el Gobierno Militar de la provincia.
Su estructura es de ladrillo con altos arcos y galería superior cerrada.

dijo el antiguo cronista Núñez de Castro *que pudiera ser Catedral de un gran Obispado según su grandeza.* Consta al exterior de unos paredones pertrechados de gruesos contrafuertes en sillarejo, ofreciendo la puerta principal sobre el muro de poniente, y en el ángulo noroccidental la torre que acaba en agudo chapitel de evocaciones góticas. Tanto una como otra son de moderna construcción, pertenecientes a la última reforma llevada a cabo, tras la Guerra Civil española, bajo la dirección del teniente coronel de Ingenieros señor López Tienda. En una placa sobre la fachada aparece grabada la falsa leyenda de que aquí estuvo, prisionero y luego enterrado Juan Ruiz, el arcipreste de Hita.

El interior de este templo, muestra en elocuente grandeza su aspecto original. Es de una sola nave, de grandes dimensiones, pues mide 54 metros de largo, 10 de ancho y 20 de altura. Presenta cinco capillas de escaso fondo a cada lado de esta nave, ofreciendo unos arcos de entrada muy esbeltos, ojivales, profusamente decorados con los elementos propios del gótico flamígero, y múltiples escudos de armas de las familias cons-

El convento de San Francisco hoy, a vista de dron.

tructoras. Se escoltan de fascículos de columnas que a la altura de los capiteles ofrecen unos collarines de contenido vegetal. Las capillas del costado norte añaden bellas ventanas que se adornan con parteluces y calados adornos góticos.

En esta nave, cubierta de altas y bellas bóvedas de crucería, en cuyas claves surge tallado en multitud de ocasiones, así como en los capiteles de las columnas adosadas al muro, el escudo de armas de Mendoza, timbrado del capelo cardenalicio propio del Gran Cardenal don Pedro González, principal constructor de este templo. En el primer tramo, a los pies del templo, se alza el coro sobre una bóveda de crucería que en su parte anterior se sustenta en arco muy rebajado y elegante.

Después de una meticulosa restauración propiciada por el Ayuntamiento capitalino en los primeros años del siglo XXI, la iglesia luce hoy magnífica, limpia y con un aire de pulcra arquitectura gótica, sencilla pero elocuente. Destaca poderosamente la decoración de su capilla mayor, en la que aparecen más de un centenar de dragones con sus cabezas bien diseñadas, avanzando en pintura sobre los nervios de la bóveda.

El espacio más espectacular es, sin duda, la cripta bajo el altar destinada a ir alojando en urnas de mármol rosado a los sucesivos duques y duquesas del Infantado. Construida en el siglo XVIII a instancias del décimo duque, don Juan de Dios de Silva y Mendoza, es un lugar verdaderamente espectacular y solemne. Imita en gran modo a la cripta que bajo el altar mayor de la basílica del monasterio de El Escorial construyera Herrera en el siglo XVI y adornara con el fragor del barroco Juan Bautista Crescenzi en el siglo XVII. Se trata en este caso de un espacio de planta elíptica, a la que se accede desde la puerta de la epístola en el presbiterio del templo, por una escalera que baja y en un rellano se une a la puerta que permite el acceso directamente desde el exterior, a través del cuerpo posterior adosado al templo y que alberga parte de esta cripta. Fue encargado de esta construcción el arquitecto Felipe Sánchez y comenzó en 1696. El maestro de obras Felipe de la Peña tuvo que lidiar con los problemas que las intensas humedades del subsuelo suponían para la estructura, decidiendo finalmente elevar esta cripta sobre el nivel freático, y para ello se debió alzar el presbiterio del templo, para que cupiera el panteón.

De planta elíptica, su bóveda está es muy rebajada, y surge del nivel del friso. Entre los pilastrones que la escoltan se forman espacios huecos que se dividen en cuatro espacios mediante tres entrepaños, permitiendo albergar en cada uno de esos huecos sendas urnas mortuorias de tallado mármol. Son en total 26 urnas, muchas de ellas destrozadas y partidas en fragmentos. La bóveda se cubre de una profusa decoración barroca con elementos geométricos complicados. Todo el conjunto está revestido de llamativos mármoles de tono rosa, gris y negro, así como el suelo, hoy perfectamente restaurado, y que muestra el precioso dibujo formado por fragmentos de los referidos colores. También en esos tonos está decorada la escalera cubierta por bóveda alargada que en su último tramo conduce, desde el presbiterio y el exterior, hasta un pequeño atrio subterráneo desde el que se entra a la cripta, o se pasa al "pudridero", donde se depositaban durante varios años los cadáveres de los duques para que se transformaran en puro hueso.

Al fondo de esta cripta aparece en estrecho espacio la capilla, iluminada por gran ventanal. En ella se ven cuatro columnas adosadas que sostienen el clásico friso y cada una de ellas un angelote. Se cubre de bóveda hemiesférica, y también se reviste en su conjunto de ricos mármoles con adornos barrocos. Esta capilla no se llega a cubrir completamente, pues su parte más alta comunica con el baldaquino del altar mayor del templo.

En este lugar estuvieron enterrados los Mendoza alcarreños, los duques del Infantado más concretamente, desde el siglo XIV hasta el siglo XIX. Pero los destrozos que en el edificio, y en esta cripta, causaron los soldados franceses en 1809, supusieron el destrozo de las urnas, y el derramamiento de los restos mortuorios por el suelo. Solamente en 1859 se decidieron los duques a recoger esos restos, y con todo el protocolo necesario, en procesión llevarlos hasta Pastrana, y en la cripta de su iglesia colegiata depositarlo en urnas comunes, pudiendo decirse que es hoy ese lugar, el subsuelo de la parroquia pastranera, donde además de los duques de Pastrana descansan los restos de los Infantado arriacenses.

La cripta de los Mendoza, bajo el presbiterio de la iglesia del convento de San Francisco, es un lugar muy visitado, porque muestra la majestuosidad real de un espacio mortuorio que el linaje de Mendoza, y más concretamente los duques del Infantado, utilizó para enterramiento de todos sus miembros, en clara rivalidad con la monarquía hispana.

Puede admirarse todavía, en este conjunto del viejo monasterio franciscano, la portada principal de acceso al convento, que es muy escueta en sus líneas manieristas, aunque tiene un perfil valiente gracias a los sillares almohadillados que escoltan y envuelven las columnas estructurales, todo ello además ilustrado con un tallado cordón franciscano. De su interior muy alterado por los usos sucesivos de comandancia, fuerte y gobierno militar, y actualmente infrautilizado y en mal estado, lo más destacable es el claustro central, estructurado a base de altos arcos de ladrillo en dos plantas, que confiere a quien por él se pasea la tranquilidad y el sosiego que siempre reinó en esta casa, incluso ahora que tanto ha cambiado, en el transcurso de los siglos, su primitivo objetivo de oración y silencio.

San Bernardo

El convento de las bernardas fue durante muchos siglos, y hasta tiempos recientes, rincón tranquilo a donde dirigir los pasos en las tardes de primavera.

Estaba situado al otro lado del barranco del Alamín, y aunque podía llegarse cruzando el puente de las Infantas, su acceso más fácil lo tenía por el tejar de la Alaminilla. Hoy es irreconocible su emplazamiento desde que hace más de medio siglo lo derribaron por completo, y en su ámbito han crecido populosos barrios, a los que sirve de corazón la sinuosa Avenida de Barcelona.

Es sin duda la más antigua fundación religiosa entre todas las que hubo en la ciudad, pues sabemos que ya a mediados del siglo XIII tenía su primitivo asiento al otro lado del Henares, en la actual carretera de Yunquera. Por darse la circunstancia de haberse incendiado en 1296, se ignora quién lo fundara y en qué circunstancias tuvieron su asiento las monjas blancas. El hecho cierto es que aquélla su iglesia quedó durante siglos como ermita, con el nombre de la Virgen de Afuera o Santa Águeda, y las religiosas subieron barranco arriba y se asentaron en nuevo lugar gracias a la ayuda de las dos infantas doña Isabel y doña Beatriz, hijas de Sancho IV, que durante muchos años residieron en Guadalajara, como señoras de ella, fomentando su desarrollo.

En el siglo XIV recibieron donaciones reales y de nobles alcarreños, lo que las permitió una vida hueca de preocupaciones. Una importante reforma llevada a cabo en el siglo XVI ornó su claustro con una doble muestra del Renacimiento alcarreño en zapatas y capiteles, ayuda a esta Comunidad de la gran familia de los Mendoza. En su iglesia, de una sola nave, construida en el siglo XVIII, hubo algunas

Una vista, desde el Sur, del conjunto del Convento de San Bernardo, en Guadalajara, al lado norte del barranco del Alamín.
[Dibujo de J. Bernardo. Colección del Museo Lázaro Galdiano, Madrid]

Sobre la orilla derecha del barranco del Alamín, que por el norte limita a Guadalajara, asentó montasterio la Orden cisterciense de San Bernardo, en su rama femenina. Aunque siempre pobre, de construcción anodina, mantenia un claustro apreciable. Todo fue derribado tras la Guerra Civil, y en su lugar se alzan modernos edificios.

interesantes obras de arte, en especial un retablo góticoplateresco con las imágenes de santa Apolonia, Águeda y Lucía que les donó el gran Cardenal don Pedro González. Con motivo de la invasión francesa las monjas cistercienses huyeron, encontrando al volver su convento desvalijado. La exclaustración definitiva, en 1835, y el desvalijamiento del edificio en 1936, llevó a su abandono total, y finalmente a su derribo en la segunda mitad del siglo XX. Ocupaba el lugar que hoy acoge el entorno del Centro Comercial "*La Vaguada*". Salvo algunas borrosas fotografías, y algún sugerente grabado, nada quedó de todo ello.

San Antolín

Fuera de la muralla, en el cuestón que baja hacia el Henares, y fundado por la infanta Isabel, hija de Sancho IV, señora de la ciudad, a principios del siglo XIV alzaron los frailes mercedarios este convento, en torno a una primitiva ermita llamada de San Antolín. Tras el convento corría un arroyo mínimo, formando el barranco que luego se llamó "de la Merced". Sobre sus ruinas se alzó a principios del siglo XX el Hospital Provincial, que él mismo ha vuelto a ser, por empeño de unos cuantos, otra vez una ruina.

Fue muy protegido por la gran dama de la familia Pecha, doña Elvira Martínez, que encomendó a los mercedarios el cuidado del Hospital de "Puerta Quemada", y durante siglos la institución tuvo auge, administró tierras y acumuló figuras de la Orden, hasta el punto de que aquí vino a profesar, en 1599, un joven de 27 años llamado Gabriel Téllez que se ordenaría dos años después, y que tiempo adelante daría nueva dimensión a la literatura y el teatro españoles firmando sus obras con el seudónimo de «Tirso de Molina». Otro ilustre fraile vivió aquí, fray Felipe Colombo, que además de varias obras biográficas, escribió una «*Historia general de la Real y Militar Orden de Nuestra Señora de la Merced, Redención de cautivos, desde su milagrosa fundación hasta nuestros tiempos*», por la que llegó a

Cronista, Definidor y Maestre general de la Orden, en el mismo convento en que profesó, en octubre de 1684.

En el siglo XIX fue incautado por los franceses, aunque al terminar la guerra volvieron los frailes, para ser de nuevo expulsados en 1835, y sus edificios vendidos por el Estado. No obstante, en su solar la Diputación Provincial levantó a comienzos del XX su Hospital Provincial, que luego ha abandonado y dejado perder. Hoy San Antolín es un montón de informes ruinas.

Santa Clara

En la parte baja de la calle mayor de Guadalajara queda un espacio al que aún decimos "Santa Clara" sin que quede constancia física de nada relacionado con la santa. Pero es que allí estuvo alzado un gran convento, desde la Edad Media, que fue ocupado por monjas de esa orden religiosa.

La fundación de monjas clarisas de Guadalajara se debe al entusiasmo de doña Berenguela, hija del rey Alfonso X de Castilla, y señora de la villa por concesión de su padre. Entusiasta de la rama femenina del franciscanismo, ya en 1284 estaba creada la casa alcarreña de las clarisas. En ese año el Rey Sabio la protegía. Estuvo originariamente en la zona de la cuesta de San Miguel, refundándose luego en la parte baja de la calle mayor, a costa de la siguiente señora de Guadalajara, la infanta doña Isabel, hija de Sancho IV y María de Molina, quien con su hermana Beatriz vivió largos años en el alcázar de esta ciudad. Su señora de compañía, la piadosa y tenaz doña María Fernández Coronel, donó una manzana entera de la judería, y en 1299 se comenzó a edificar convento e iglesia. Nacía así, en los comienzos del siglo XIV, el Real Convento de Santa Clara de Guadalajara. Otros vecinos de Guadalajara vendieron o donaron sus terrenos para crear

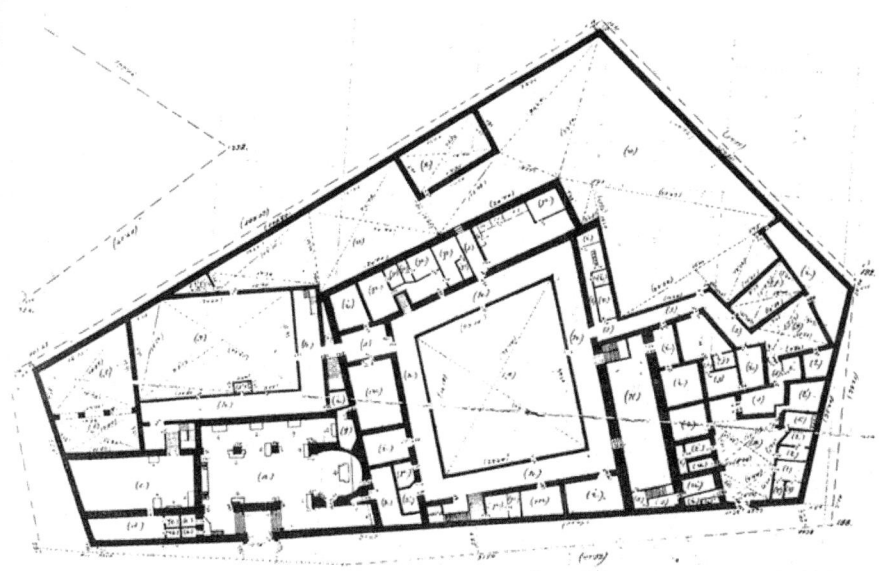

Plano del convento de Santa Clara, en Guadalajara,
levantado hacia 1880. En su estructura se puede observar
que fue construido a base de asimilar y unir diversas
construcciones previas, aunque llegó a contar
finalmente con dos patios claustrales, uno de ellos
realmente grande, capaz para dar cobijo
a más del centenar de monjas que llegó a tener.
Se observa en su extremo meridional
la planta de su capilla, hoy iglesia de Santiago.
En realidad, esta es la imagen del convento completo,
que llegó a ocupar toda la manzana que contornean
las calles de Teniente Figueroa,
Ingeniero Mariño, Francisco Cuesta y Mayor Baja,
según refiere el autor al comienzo
del estudio de la historia y estructura de este convento.

solar inmenso a esta fundación, que crecería rica y poderosa a lo largo
de la Edad Media.

Entre los siglos XIV al XVI contó con numerosa prole monjil,
llegando en algunos momentos a albergar un centenar de religiosas,
que se distribuían por un enorme edificio en el que había dos

claustros, el soberbio templo, y refectorios, celdas y salas sin cuento. La guerra de Sucesión, en 1706, que proporcionó a Guadalajara tantos destrozos, supuso para las clarisas un momento de retroceso en sus bienes y pérdida de tierras, incluso destrucción parcial de su casa. La Guerra de la Independencia fue otro impulso a su destrucción. En 1808 huyen del convento las monjas. En 1835, y aunque el tener más de doce monjas profesas no les obligó a abandonarlo físicamente, la Desamortización de Mendizábal las dejó desprovistas de muchísimos de sus bienes. En su ancho caserón se amontonaron entonces, con ellas, las franciscanas de la Piedad, y las jerónimas de los Remedios.

En 1912 vendieron su *gran manzana* al conde de Romanones y se fueron a Canals (Valencia). Este político cedió la iglesia para uso parroquial, dándola el nombre de Santiago (por haberse derruido pocos años antes la que con ese mismo nombre ocupaba lo que hoy es lonja de acceso al palacio del Infantado), y montó un hotel (el Hotel España) en la parte más noble del convento, vendiendo a Correos y a otros terratenientes alcarreños el resto de la manzana conventual.

Un presbiterio de puro estilo mudéjar culmina el conjunto de las tres naves del templo de Santa Clara, hoy parroquia de Santiago.

Iglesia de Santiago, en Guadalajara, que fue templo de Santa Clara.
Su interés radica en la arquitectura gótico-mudéjar de su estructura y decoración.

La iglesia es joya del arte mudéjar de Guadalajara a la que hoy se conoce con el nombre de iglesia parroquial de Santiago. Es un magnífico edificio del siglo XIV, con algunos aditamentos posteriores y una restauración moderna que ha devuelto al templo su carácter originario.

Ofrece el templo una fachada a mediodía, de mampuesto con hiladas de ladrillo, con portada central, de piedra. El interior, que se ofrece en planta más baja que la de la calle, es de tres naves, separadas por pilastras octogonales, de sillería, con basas y capiteles de traza gótica. Sostienen elevados arcos apuntados, que aún rematan la nave central en muro surcado de ventanas delgadas y apuntadas también, entre las cuales aparecen escudos reales enmarcados por buenos conjuntos de decoración geométrica de yesería, de la misma época. Se remata este espacio con un artesonado original pero sencillo. Los muros laterales de las naves, así como el de los pies del templo, son de mampuesto e hiladas de ladrillo. Un gran arco, coronado por polícromo escudo real señala el lugar del antiguo ingreso al templo. Hoy ocupa su vano un moderno órgano musical.

La cabecera del templo, que no tiene crucero, se constituye con el ábside y dos capilllas en que rematan las naves laterales. El ábside es una pieza poligonal, de altos muros de la misma estructura que el resto del edificio, con seis ventanales alargados y apuntados, y una cúpula nervada y gallonada en la que el ladrillo cobra su vistosidad máxima. Unos arcos apuntados laterales en los muros del ábside, dan paso a las dos capillas laterales.

De la capilla de la epístola, puede decirse que a través de un arco apuntado continúa la nave meridional del templo. Su planta tiene unos 7 metros de larga, por la mitad de ancha. Consta de dos tramos separados por delgados haces de columnas adosadas al muro adornadas con afiligranados collarines en vez de capiteles, donde lucen los escudos del fundador y sobre los que apoya un arco apuntado adornado en su intradós por calada piedra; el fondo de la capilla, lo que podríamos llamar su presbiterio, ofrece la inserción de la apuntada bóveda nervada en el muro. Los nervios descansan sobre

Bóveda de la capilla del contador Diego García en la iglesia conventual de Santa Clara.
Se distinguen la multitud de cabezas de dragón que adornan las nervaturas.

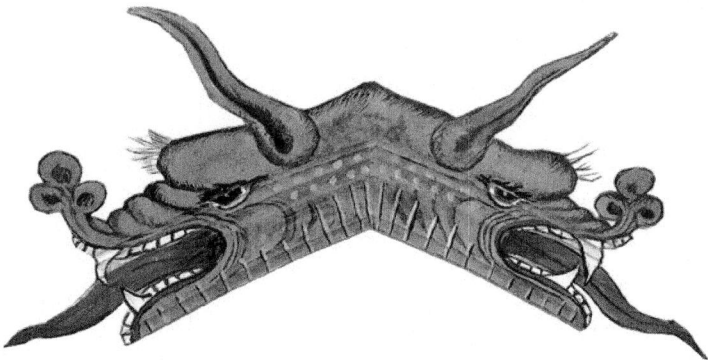

Detalle de las cabezas de dragones en las nervaturas de la bóveda
de la capilla del contador Diego García en Santa Clara.

En la larga evolución iconológica del dragón
durante la historia del arte, en la Baja Edad Media e inicios del Renacimiento,
alcanza a ser un elemento claramente *apotropaico*,
protector del templo en que se representa, y de los fieles que en él se refugian.
Existen numerosos lugares, en la Europa occidental y área del Mediterráneo,
en los que el dragón es profusamente representado pictóricamente
en las bóvedas de capillas y templos.
Adquiriendo un sentido protector, similar al que los hombres salvajes tienen,
de espacios, emblemas, templos incluso.
Emparejando ese destino de benéfica protección con el de los grifos,
que pasaron de ser animales terribles llegados del Oriente, a protectores de caminos,
de recintos sagrados, y de capillas, como lo vemos en Santa Clara de Guadalajara.

La techumbre de la capilla de los Zúñiga, en la cabecera de la nave del Evangelio
de la actual iglesia de Santiago, en Guadalajara, antigua conventual de Santa Clara.

bóveda aparece como volando, colgando de ella, un pétreo y dorado escudón tallado en piedra de Tamajón y ahora pulcramente dorado.

El escudo familiar de los García de Guadalajara es muy simple: se trata de una banda de gules sobre el campo de oro. En este, el borde se cubre con frase de letras azules que dice "Ave Maria Gratia Plena Dominus Tecum", lo cual nos da a entender dos cosas: que aun siendo hijodalgo, el caballero comitente pertenecía a la Orden de la Banda, fundada siglos antes en nuestra ciudad. Y otra que se consideraba familiar, no sabemos en qué grado, de la familia de los Mendoza y de la Vega, grandes magnates por entonces de este lugar.

Una de las espectaculares razones por las que conviene ahora visitar esta capilla, son los dragones, pintados sobre las nervaturas, que han aparecido al limpiar, similares a los que pululan por los nervios de la bóveda principal del convento de San Francisco. Y similares a muchos otros conjuntos góticos del arte español de la segunda mitad del siglo XV.

Estos dragones, monstruos terribles, de color verde el cuerpo, escamas sobre el dorso, cabezas enormes, fauces abiertas de las que salen largas lenguas rojas, y miradas exoftálmicas, tienen dos posibles funciones. Una de ellas, la meramente decorativa, porque enaltecen la forma simple del arco con esos colores y formas. Y la otra, una función simbólica de protección, sugiriendo que su poder suprahumano está defendiendo al muerto/muertos que descansan en la capilla.

En la parte del muro y bajo el arranque de los nervios apuntados, corre la leyenda que identifica, tras tantos siglos, a la capilla y su autor. Ahora todo límpido, brillante, con claridad se lee: ESTA CAPILLA FUNDO EL NOBLE CAVALLERO DIEGO GARCIA DE GUADALFAJARA SECRETARIO DEL REY DON JUAN Y DEL CONSEJO DEL REY DON FERNANDO Y DOÑA YSABEL SUS HIJOS ACABOSE AÑO DE MCCCCLII AÑOS.

De la capilla del Evangelio puede decirse que está en la cabecera de la nave norte, y se construyó en los comienzos del siglo XVI, habiendo sido trazada muy probablemente por Alonso de Covarrubias. Consta de un alto arco de entrada, de muy aguda ojiva, exornado en un intradós por casetones con rosáceas, y apoyado en altísimas pilastras que culminan en bellos capiteles foliáceos de tipo corintio. Su cúpula es de nervatura, de tradición gótica. En su interior vemos, al fondo, el mausoleo plateresco que mandó construir para su enterramiento el fundador de la capilla, don Juan de Zúñiga, caballero de Santiago y embajador en Portugal hacia 1525. Consta de dos aplanadas pilastras entre las que queda un arcosolio de medio punto, casetonado en su intradós, y sobre él un bello friso, muy adornado de grutescos como el resto del enterramiento, coronándose con trilobulada concha en cuyo interior, así como en la basa, aparece

🔼 Mausoleo del caballero Juan de Zúñiga,
en su capilla de la iglesia conventual
de Santa Clara. Este dibujo de Pascó
lo muestra tal como se veía a finales
del siglo XIX, porque desde principios
del XX está vacío de su yacente estatua,
ya que las monjas lo vendieron a un
anticuario. Hoy quedan, todavía, las
líneas arquitectónicas del mausoleo
y las armas talladas y pintadas del
propietario y fundador.

➡️ Efigie sepulcral de un caballero
de la Orden de Santiago
tallada en alabastro, que hoy se conserva
en el tercer piso del Ahmanson Building, del
The Los Angeles County Museum of Art. (USA).
Corresponde, sin duda, a Juan de Zúñiga,

Imagen del ya inexistente claustro del convento de Santa Clara, que fue dibujado a mediados del siglo XIX por el artista Valentín Carderera, al servicio del duque de Osuna.

el escudo de Zúñiga y Orozco. En el interior de ese nicho estuvo la estatua yacente del caballero alcarreño, que fue vendida por las monjas a un anticuario en los principios del siglo XX, habiéndose localizado recientemente en el Museo "County Museum of Art" de Los Angeles (USA). Su situación primitiva fue más baja, apoyada directamente sobre el suelo, en el muro izquierdo donde hoy se ve una lápida con escudos nobiliarios y leyenda alusiva a la abuela del fundador, doña Isabel de Vera, señora de Rello.

En el templo lucen otros detalles artísticos, como enterramientos, lápidas y escudos, que suman valor a este magnífico edificio arriacense.

La Piedad

En la antigua calle de Santa Clara, hoy Teniente Figueroa, se halla el conjunto formado por el palacio del caballero Antonio de Mendoza y la iglesia de la Piedad, hoy rehabilitado como Institu-to de Bachillerato *"Liceo Caracense"*. El palacio fue proyectado por Lorenzo Vázquez y construido en torno a 1510. Años después, Brianda de Mendoza estableció en el edificio una comunidad de religiosas franciscanas, bajo la advocación de Nuestra Señora de la Piedad. A partir de 1525 comenzó la edificación de la iglesia, bajo la dirección de Alonso de Covarrubias.

Se ha querido ver, en las disposiciones testamentarias y estatutos escritos por la fundadora, ciertos matices de pietismo y evangelis-mo, surgidos hacia 1520, época de reformas y novedades. Fue al-bergue de jóvenes de la mejor sociedad alcarreña, que aquí tenían su acojo santo. La institución vivió hasta la Desamortización, quedan-do entonces, en 1836, incautada por el Estado, que la usó de cárcel, sede de la Diputación Provincial, museo, instituto, biblioteca, man-teniendo siempre en pie la gloria arquitectónica de estos edificios (palacio renacentista, y templo plateresco) en uso comunitario.

En el interior del convento palaciego, admiramos el patio que constituye uno de los mejores ejemplos de la primera arquitectura

portada de la iglesia de La Piedad, que Alonso de Covarrubias diseñara y tallara personalmente para servir de entrada al templo de las franciscanas fundadas por Brianda de Mendoza, es uno de los elementoas patrimoniales más relevantes de la ciudad de Guadalajara.

Sepulcro de la fundadora de las franciscanas de La Piedad, doña Brianda de Mendoza, hoy en el presbiterio del templo.

renacentista de Castilla. La búsqueda deliberada de la proporción y el equilibrio, así como el uso tectónico y artístico de las zapatas, caracterizan esta obra. Los capiteles del piso inferior proponen un modelo, que se extenderá más adelante a otras edificaciones, conocido como capitel mendocino o alcarreño. El recorrido por el claustro permite admirar otros elementos: la escalera y su artesonado y el gran escudo imperial, trasladado aquí en el siglo XIX desde la puerta del Mercado de la plaza de Santo Domingo, ya desaparecida.

La iglesia de este convento de la Piedad fue erigida hacia 1530, participando el maestro Alonso de Covarrubias en su traza y en la talla de la portada, una de las joyas del arte plateresco castellano. Se presenta ésta entre dos salientes contrafuertes, entre los que salta un arcosolio con el intradós cuajado de casetones con rosetas, y rematado en calada crestería y tejadillo que cubre el conjunto. La puerta propiamente dicha se compone de un alto arco semicircular cubierto de fina decoración, sobre pilastras; a los lados, bellísimos balaustres sobre pedestales, todo tapizado de profusa y delicadísima decoración plateresca, con magníficos capiteles rematados en cabezas de carneros; encima, varias molduras y un ancho friso de grutescos con escudo central; sus extremos rematan en flameros, mientras en el centro surge una hornacina avenerada flanqueada de pilastrillas y roleos, con un extraordinario grupo de la Piedad, de aire en cierto sentido gotizante, en que se ve a Cristo tendido en los brazos de María, acompañada de San Juan y la Magdalena. Los escudos de Mendoza y Luna completan el conjunto.

El interior era magnífico templo de altas cúpulas de nervatura y frisos con frases alusivas; un gran retablo, hoy desaparecido, de la mano de Juan de Borgoña; rejas, enterramientos, etc. Nada quedó de ello: el presbiterio se derribó para ensanchar la calle que corre detrás; su altura se dividió en dos para crear en la parte baja capilla del Instituto, y en la alta salón de actos, en el cual aún se observan los arranques de las bóvedas, y escudos esculpidos en las ménsulas. Sólo quedó el sepulcro de la fundadora, doña Brianda de Mendoza, en cuya urna de tallado alabastro blanquecino se aprecian, algo desgastados después de haber permanecido largos años bajo escombros, los escudos de armas de la familia Mendoza y Luna. Se cubre este enterramiento con una gran pieza de jaspe rosáceo. También fue trazado y tallado por Alonso de Covarrubias.

No me extiendo más en consideraciones históricas y artísticas de este antiguo convento, por haberle dedicado ya un libro completo en 1990, y que aparece en la bibliografía.

Puede visitarse en los fines de semana, aunque a diario, durante el curso, está abierto por ser sede de un Instituto de Enseñanza Secundaria.

San Acacio

A la piedad de un hombre famoso como pocos los ha habido en Guadalajara, don Pedro Gómez de Ciudad Real, debe la existencia esta comunidad de franciscanas menores observantes, concepcionistas a secas, de los siglos XVI al XIX, en que un nuevo cenobio de la regla vendría a llenar su vacío. Este hombre, afincado ya en Guadalajara desde que por aquí pasó su padre, don Alvar Gómez de Ciudad Real (secretario y contador de Enrique IV) dejó en su testamento, hecho en 1529, ciertas mandas y donaciones para levantar monasterio de monjas franciscanas de la Concepción. Vinieron las monjas, desde su convento de Torrijos, en 1533, y se albergaron de manera provisional en las casas cedidas por don Pedro.

Doña María de Alarcón, doña María de León, y dos sobrinas de la abadesa, Doña Isabel de Peralta, fueron las primeras voces que cantaron prima en el convento, siendo recibidas a la obediencia de la Orden por fray Antonio de la Cruz, por entonces provincial de los franciscanos en Castilla.

Abandonado y destruido el convento durante la invasión napoleónica, volvieron a él las concepcionistas para abandonarlo

Grupo de muchachos retratados ante la fachada del
Convento de San Acacio de franciscanas en la plaza de la Diputación.

definitivamente en 1835, en que lo malvendió el Ministerio de Hacienda a un particular, que lo utilizó para viviendas. En el siglo XX fue aún poblado por una comunidad de religiosos paúles, pero al ser incendiado en 1936, el mayor abandono cayó sobre su vieja estampa de convento español del Siglo de Oro. La iglesia, que albergó acopio de reliquias, y conservó hasta el último momento su portada sencilla y blasonada, cayó definitivamente en el año 1941. Del viejo convento de concepcionistas de San Acacio, del que salieron monjas a fundar los de Escariche, Fuentelaencina, Alcalá de Henares y Torrelaguna, sólo queda hoy este reducido acopio de añoranzas. Y tan solo un par de borrosas imágenes de su templo, en el que a finales del siglo XIX se celebró la gran Exposición Provincial de Guadalajara. Su ubicación, en la plaza de la Diputación, pasa hoy desapercibida, aunque del patio conventual, cuando lo ocuparon los "paules", sí han quedado algunas imágenes parciales.

Santo Domingo

El convento o comunidad religiosa de Santo Domingo de la Cruz, se fundó a comienzos del siglo XVI, en 1502, por don Pedro Hurtado de Mendoza, séptimo hijo del marqués de Santillana, que además era Adelantado de Cazorla, esto es, capitán general de las tropas del Arzobispado de Toledo, lo que suponía un gran honor y responsabilidad. El primer convento fue fundado por este señor en Benalaque, aldehuela cercana a la capital arriacense, muy próxima a Cabanillas y Alovera, a orillas del Henares. Pero, por despoblación del lugar, los frailes movieron su traslado a Guadalajara, instalándose frente a la puerta de Feria, al inicio del arrabal de Santa Catalina.

El tal monasterio lo habían puesto, gracias a la magnanimidad del más pequeño de los hijos del marqués de Santillana, don Pedro Hurtado, en 1502, los dominicos en un costado del barranco de Benalaque, en término de Cabanillas del Campo. Allí se levantó templo humilde y casa grande, para que los frailes albinegros se dedicaran al estudio de las Escrituras. Y a la hora de morir, don Pedro y luego su señora, Doña Juana [de Valencia] mandaron poner sus enterramientos hechos al modo de la época, tallados por el escultor de moda de aquellos días o en sus talleres. Para Layna Serrano, no cabe duda que en la disposición de esos enterramientos

Fachada de la iglesia parroquial de San Ginés, de Guadalajara, de estilo manierista, que antes había sido templo mayor de la Orden de Santo Domingo, aneja a su convento.

puso mano Alonso de Covarrubias, todavía joven y con dudas sobre las proporciones, mientras que las tallas de los personajes serían debidas a otro escultor, más ducho, y del que no nos ha llegado su nombre.

Pero los tiempos vinieron duros, y los frailes prefirieron poner su casa en la capital, en Guadalajara. Cumpliendo las normas, y tras discutir con los franciscanos, que ya tenían casa, y elevada entre bosques, junto a la puerta de Bejanque, estos la levantaron en los extramuros, frente a la puerta del Mercado. Llevó mucho tiempo hacerlo todo, porque no había dineros para ir deprisa. Y así a lo largo del siglo XVI y parte del siguiente se fue construyendo lo que hoy vemos, el templo y su anejo convento, que pasaría luego, siglos adelante, a ser Hospital Militar, almacén de granos y finalmente Instituto de Formación Profesional, el "*Castilla*" hoy. El traslado se hizo a partir de 1555.

El templo (hoy parroquia de San Ginés) es de piedra labrada procedente de Horche y la masa del edificio resulta en todo caso imponente. El exterior del edificio, que impresiona por su grandeza, ofrece su fachada orientada al norte, para presidir la plaza que tenía delante (el espacio del Mercado, hoy plaza de Santo Domingo) y se forma por dos altos machones que rematan en pequeñas espadañas para campanas, y uniéndolos un gran arco cuyo trasdós está casetonado y alberga una colección de personajes tallados, que no hace mucho estudié e interpreté como la clásica muestra de vicios y virtudes. Ese arco divide la fachada en dos partes: la alta muestra un pequeño óculo que iluminaría el coro frailuno, acompañado de dos escudos, y en el inferior una puerta sencilla que ya mediado el siglo XX, y con diseño de Fernando Chueca Goitia, se puso en estilo toledano. En lo alto de la fachada, el observador atento puede encontrar todavía medallones tallados representando a una pareja de profetas, también un escudo de la Orden de Predicadores, y finalmente, y muy desgastados por el viento y la lluvia, dos gigantescos personajes tallados, desnudos y armados de garrotes, que representarían a sendos Hércules, o salvajes protectores de la fachada. Por no existir descripciones contemporáneas, toda esta parafernalia iconográfica queda siempre al albur de las interpretaciones.

El interior es simple, grandioso en proporciones, pero soso en lo decorativo. Tiene una nave con alta bóveda sustentada por columnas adosadas que sujetan arcos fajones. Entre ellas y cobijada su entrada por arcos semicirculares, se abren capillas laterales solo iluminadas por rasgados ventanales que las dejan en penumbra. Las capillas del lado de la epístola se comunican entre sí, lo que al visitante le deja cierto sabor de haber estado en un templo de tres naves. Pero no: San Ginés solo tiene una nave, con sus capillas en los laterales.

En la cabecera del templo, dos capillas forman los brazos del crucero. Los dominicos las vendieron pronto a miembros de la aristocracia arriácense del siglo XVII. La capilla de la epístola estaba dedicada a la Virgen del Rosario, y quedó con ella en 1642 adquiriendo su patronato doña Águeda Ladrón de Guevara. En su techumbre, de escayola, vemos hoy cuatro medallones en los que lucen las imágenes de los cuatro evangelistas, cada uno con su animal identificativo. Hoy en sus muros vemos los restos que quedaron (en la quema de julio de 1936) del enterramiento gótico de doña Elvira de Quiñones, esposa del personaje enterrado en la capilla de enfrente.

La capilla del evangelio, dedicada al Ángel de la Guarda, la compró mediado el siglo XVII don Luis Álvarez Jiménez, por 250 ducados. En su techumbre mandó poner, en escayola, los escudos de su linaje, alternando los de su padre y los de su madre. Estos escudos van en las esquinas, y en los comedios, unas cartelas vanas en las que posiblemente se inscribieron o pintaron frases alusivas a los patronos. Custodiando esas cartelas, parejas de estípites a la romana, alternando varones y hembras con vestimentas clásicas. Pronto la abandonaron y a punto estuvo de hundirse en el siglo XVIII. Hoy en sus muros vemos los también calcinados y machacados restos del lujoso enterramiento de don Íñigo López de Mendoza, primer conde de Tendilla, hijo del marqués de Santillana, y que como fundador del monasterio jerónimo de Santa Ana de Tendilla, en él puso este su enterramiento, que como quedó abandonado en la exclaustración propiciada por el ministro Mendizábal en 1836, se trasladó luego, a finales del XIX, a este lugar, para preservarlo de su destrucción. Que, sin embargo, ocurriría en julio de 1936, en una acción violenta de grupos radicales de izquierdas.

Aunque de estos enterramientos (Íñigo López y Elvira de Quiñones) hoy solo queda la estructura y las figuras machacadas de los propietarios, los estudiosos que los vieron enteros, y la lógica más elemental, permiten atribuirlos a Sebastián de Almonacid, el tallista, o uno de ellos, de piezas tan relevantes del arte hispano como el enterramiento del caballero Campuzano en San Nicolás el Real, el enterramiento del racionero Pedro de Coca en Ciudad Real, o incluso el Doncel de Sigüenza en la catedral serrana.

Los dominicos de la Santa Cruz dejaron vacío este templo y su anejo convento en 1836, cuando fue decretada la Desamortización de Bienes Eclesiásticos por el ministro Mendizábal. Pasó a poder del Estado, que utilizó los edificios para fines cívicos, y el templo quedó abandonado, aunque cedido a la Iglesia para poner en él la sede de la parroquia de San Ginés, que se había quedado sin templo al ser derribado el anterior para construir en su solar el edificio de la Diputación Provincial.

No es San Ginés el mejor ni más representativo edificio patrimonial de Guadalajara, pero al menos es uno de los más vistosos, y quizás el más céntrico, porque ante él se abre hoy el plazal que recuerda el primitivo convento, la tradición centenaria del Mercado, y el símbolo de una evolución en la que los Mendoza, las órdenes religiosas y el pueblo llano ha tenido un protagonismo así cuajado, en la piedra blanca y caliza de la Alcarria.

Los Remedios

Junto a la antigua *puerta de Bradamarte* o de *la Alcallería*, tras el palacio de los marqueses de Montesclaros, y sobre el solar del antiguo caserón de los marqueses de la Vala Siciliana, fundó don Pedro González de Mendoza, hijo del cuarto duque del Infantado, un colegio de doncellas pobres o huérfanas con la advocación de "Nuestra Señora del Remedio". Este prócer alcanzó el obispado de Salamanca, y fue uno de los más destacados teólogos españoles de Trento. Al hacer testamento, en 1568, dejó estipulado todo lo concerniente a su fundación, comenzando las obras hacia 1574, año de la muerte del prelado. Fue ocupado este edificio posteriormente por una comunidad de monjas jerónimas, establecidas aquí en 1656, y en él mantenidas hasta 1853, en que se trasladaron a unas casas de junto a la iglesia de San Esteban, donde estuvieron hasta 1936. El gran edificio conventual anejo a la iglesia, obra neoclásica de magnífico aspecto, fue usado en el siglo XIX para Hospital Civil, y luego para Museo Provincial de Pinturas. En el pasado siglo fue derribado, y en su solar se levantó la Escuela Universitaria de Formación del Profesorado.

De este convento solo queda en pie la iglesia, a la que llamamos de Nuestra Señora de los Remedios, y que se usa a veces como

Paraninfo de la Universidad de Alcalá en su sede arriacense. Es una obra magnífica de la arquitectura renacentista de la segunda mitad del siglo XVI, pudiendo ser incluida dentro del manierismo de inspiración serliana, al que dio presupuestos teórico-prácticos el arquitecto toledano Alonso de Covarrubias. La trazó en 1573 Acacio de Orejón, siendo sus artífices los maestros canteros Nicolás de Ribero y Juan de Ballesteros, en una primera etapa, prosiguiendo Diego de Balera, y concluyendo las obras el maestro Felipe Aguilar el Viejo, de Guadalajara.

Fachada de la iglesia del que fue convento de Nuestra Señora de los Remedios, que había pertenecido a monjas de la Orden de San Jerónimo, y que hoy es paraninfo de la Universidad de Alcalá.

En el exterior resalta su fachada, constituida por un atrio orientado al norte, que consta de tres arcos de medio punto sobre esbeltas columnas dóricas que apoyan en altos pedestales, ofreciendo un aspecto de ingravidez y gracia renacentista de acusado aire italianizante. El interior es de elegantes y ajustadas proporciones renacentistas: una sola nave, con ancho crucero y capilla mayor de planta poligonal con cúpula de cuarto de esfera en forma de venera,

La Virgen de los Remedios, que acoge bajo su manto
extendido y sostenido por sendos ángeles,
al obispo de Salamanca don Pedro González de Mendoza, orante
y en su frente un grupo de tres damas pertenecientes a su familia.
Este cuadro, que sin duda fue pintado para el convento de
monjas jerónimas de Nuestra Señora de los Remedios,
se encuentra actualmente depositado y cuidado
en la clausura del convento de monjas carmelitas de San José, de Guadalajara.

imitando a las iglesias de Trento. Por enjutas, lunetos y claves
aparecen distribuidos profusamente, y policromados, varios escudos
de armas del obispo fundador. En el centro del crucero, bajo el
pavimento, se abre la cripta en la que descansan los restos del obispo
fundador, y ocupando el fondo del muro del presbiterio, una gran
pintura al fresco de Larrondo, representando el espíritu universitario
de la cisneriana Alcalá, expandiéndose por el valle del Henares.

San Antonio

El puente y plaza de San Antonio, en la zona sur de la ciudad que da directamente sobre el barranco del mismo nombre, son hoy los únicos recuerdos vigentes y tangibles que nos quedan del que fue convento de frailes franciscanos descalzos, reformados por San Pedro de Alcántara.

Estuvo situado el cenobio de los pardos menores junto a la muralla, en el interior de la ciudad, trescientos metros arriba de la puerta de Feria o de Alvar Fáñez. Siempre pobre, aunque favorecido de las limosnas de los habitantes de estos barrios meridionales.

Escasa y anodina fue su historia. Don Antonio Arias Dávila, descendiente de los duques de Medinaceli y los Gómez de Ciudad Real, testó en 1589, pocos meses antes de su muerte, en favor de la orden franciscana descalza para que en Guadalajara pusiesen convento y le titularan de San Antonio de Padua. El mismo año, a 28 de agosto, llegó al Concejo de la ciudad la petición de fray Juan de la Madre de Dios, guardián del convento de Alcalá de Henares, de la misma orden a fundar, para que le fueran reconocidos y avalados sus derechos y determinado lugar para emplazarse. Todo fue rápido y sin problemas. En 1593 ya estaba el convento, pobre y mínimo como deseo evangélico de sus frailes, en marcha. Y así siguió hasta que en 1835, por el hecho de no llegar a doce el número de sus ha-

Espacio ocupado por el
Convento franciscano de San Antonio

Este de San Antonio, de padres franciscanos,
es el único convento de la ciudad de Guadalajara
del que no ha quedado huella física,
ni siquiera imagen dibujada, o testimonio gráfico,
pudiendo señalar de él tan solo el emplazamiento
que tuvo, y algunas alusiones toponímicas
que le recuerdan, como la Ronda de San Antonio,
y el puente sobre el arroyo de las Huertas
por el que se iba desde el convento
al Pozo de la Nieve, también propiedad de los frailes,
y que se alzaba junto al camino del cementerio,
donde hoy el barrio de las "Casas del Rey".

78   Hiſtoria

En eſte Convento ay vna Imagen de nueſtra Señora del Roſario, y de ſu Cofradia ſon todos los Caualleros, y ſe haze ſolenes fieſtas. Otra Cofradia ay del Nombre de Ieſus, que tiene tambien grandes fieſtas de cele bridad. Vn ſanto Crucifixo que ſe dexaron los Religioſos en la Igleſia de Benalaque, ha obrado gran ſuma de milagros, con que es mucho el concurſo que ha juntado la deuocio: ay alli vn Religioſo que dize cada dia Miſſa.

CONVENTO DE FRANCISCOS DESCALZOS.

DEſpues de los Padres Dominicos entró a fundar los Padres Franciſcos Deſcalços: eligieron el pueſto que oy tienen fuera de los muros deſta ciudad, entre las tenerias, cerca de la puerta que llaman de Aluar Fañez, o por otro nombre de la Feria. Dificultauan el paſo a los ciudadanos las bueltas, y rebueltas que tiene la puerta de la Feria, y aſſi con licencia del Rey, y beneplacito de la ciudad, rompieron en el muro vna brecha anchuroſa, y con vna puente ſe paſſa al arroyo de las huertas, y ſe ſube a paſo llano deſde la ciudad al Conuento. Fue ſu fundador don Antonio Arias de la Cerda, hijo de Pedro Arias Dauila, que comunmente llaman el Conde Pedro Arias, y de doña Leonor de la Cerda. Comencóſe la fabrica el año de mil y quinientos y nouenta: acabóſe muy preſto la Igleſia, caſa, y huerta, porque eſtos Santos Religioſos aman la pobreça, como en el veſtido, en los edificios, guardando el conſejo de ſan Pablo, que en el veſtido ſolo preten dio cubrir la deſnudez, y en la caſa la defenſa preciſa para la vida.

(ſ)

COLLEGIO DE LA COMPAÑIA DE IESVS.

MEdrada eſtaua en Religiones Guadalaxara; pero aun echaua menos a la que es corona de la ſabiduria, y hija mayorazga del Eſpiritu de los Apoſtoles, en el zelo ardiente de la Religion de la Compañia de Ieſus, el mayor de tantos prodigios como obró ſu gran Patriarca Ignacio. El año de mil ſeiſcientos y treinta y vno entró eſta ſagrada Religion en Guadalaxara, no ſin cõtradiciones (ſiempre las padecio la virtud) pero a poca comunicacion ſe trocaron en obſequios los odios. El dia de ſan Pedro martir, a veinte y nueue de Abril del año referido, tomaron la poſſeſſion en caſas propias de la miſma Cõpañia, en la plaçuela del Conde de Coruña, a la Parroquia de ſan Nicolas: vino don Fernando Valleſteros y Sauedra, Vicario general de Alcalà, y el lleuò el ſanto Sacramento deſde ſan Nicolas a dicha caſa, en proceſſion del Cabildo de Curas, y Beneficiados, de los Prelados, y Religioſos de las demas Religiones, y el Ayuntamiento de la ciudad, Corregidor, y Regidores con toda la nobleza della. Los Fundadores ſeglares fueron dos ciudadanos deſta ciudad, nobles, piadoſos, y ricos, que en beneficio de ſu patria conſagraron ſu hazienda, que era mucha, a nueſtro Señor, para la fundacion deſte Colegio, a quien hizieron donacion inter viuos, a los veinte y dos dias del mes de Iulio, del año de 1619. en Madrid (donde viuian de aſiento) en el Colegio Imperial de la miſma Compañia, eſtando preſente el PadreRodri go Niño Prouincial, y el PadreLuis de la Palma, Rector de dicho Colegio: otorgóſe ante Diego Ruiz de Tapia, eſcriuano del Numero de la villa de Madrid: firmaron el Licenciado Diego de Molina y Laxarte, y do-

---

bitantes, fue extinguido y vendidas públicamente todas sus pertenencias. Poca historia y escaso recuerdo para hontanar tan profundo.

En su lugar, en el de sus huertas, se levantó luego el Mercado Municipal, más algunos bloques de casas, y permaneció viva la puentecilla que daba paso desde la *"Ronda de San Antonio"* a la *"nevera de los frailes"* que hoy ocupa la urbanización llamada *"Casas del Rey"*. Y poco más queda de este convento, del que ni siquiera un dibujo nos ha quedado. En este libro va reproducida la página que le dedica Alonso Núñez de Castro en su *"Historia de Guadalaxara"* del siglo XVII, y un plano de la ciudad en que se aprecia su lugar de ubicación.

Las Vírgenes

Fue don Pedro García de Loaysa, preceptor del príncipe Felipe [III] y Canciller mayor de Castilla, quien fundara en 1591 este *"Colegio de rrecogimiento de doncellas"* dándole el nombre "de las Vírgenes", y usando el anterior palacio de los marqueses de Priego, en la actual calle de Ramón y Cajal. Pidió a Santa Teresa que le mandara monjas carmelitas para regir la institución, y la santa de Ávila le mandó rectora y vicerrectora. En el final del siglo, el fundador mandó nada menos que 12.000 ducados para concluir la fundación, asignando renta anual de 700 ducados para su mantenimiento.

Su capellán y director, don Gil Coronel, fue quien en realidad puso en marcha la institución, comprando al conde de Priego, en la cantidad de 4.401 ducados, una casa *«con su güerta e trascorrales y todas sus entradas y salidas»* en la colación de Santa María de la Fuente... Esta compra se llevó a cabo en 1605, y desde entonces fue a menos el número de doncellas recogidas y a más el de monjas: las primeras tomaban los hábitos pardos, y el Colegio de las Vírgenes daba paso al Convento de carmelitas descalzas de Nuestra Señora de la Fuente.

Antes de echarlas, la España liberal pidió a estas monjas que dieran clases a las niñas de la zona, pero en 1882 las expulsó, aunque después volvieron, para irse definitivamente, en los años setenta del siglo XX, a poblar nuevo convento en Iriépal, que hoy sigue vivo.

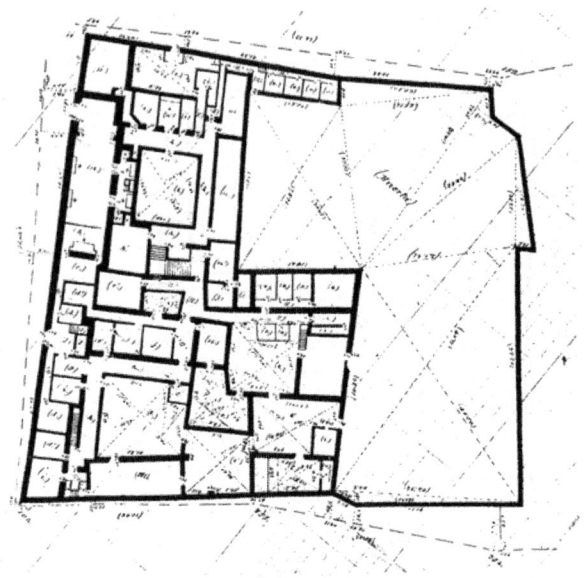

Plano del que fuera palacio de los condes de Priego,
transformado en el siglo XVII como
convento carmelita de Nuestra Señora de la Fuente.

Ocupando el palacio que fue del conde de Priego, una pequeña joya de la arquitectura plateresca alcarreña, destacaba en el edificio un pequeño patio, en todo semejante al del palacio de don Antonio de Mendoza, pero de dimensiones más reducidas, que fue bombardeado en 1936 por la aviación franquista, desapareciendo durante la guerra cuadros flamencos, tallas platerescas, orfebrería barroca... todo lo que contenía. En su solar, una vez derribado, se ha levantado un bloque de viviendas. Y hoy solo queda de este cenobio carmelitano el recuerdo, y algunas imágenes como la de un ángulo del patio, palaciego y renacentista, que hizo Gil Guerra a principios del pasado siglo.

Patio del que fuera convento de Nuestra Señora de la Fuente,
en la calle de Ramón y Cajal, de Guadalajara,
ocupado desde el siglo XVII por religiosas carmelitas,
y que habían recibido del conde de Priego para su alojo.

En su interior, muy transformado, se decoró tras su fundación
el patio palaciego central, conservando elementos de su originaria
forma, con estructura y detalles del mejor primer renacimiento alcarreño.
Así lo vio Juan Gil Guerra, antes de que en la Civil de España
un bombardeo acabara con este espacio y lo dejara en ruinas.

Las monjas se trasladaron a una nuevo convento en Iriépal,
pequeño pueblo hoy integrante del municipio de Guadalajara,
donde se mantiene viva la comunidad fundada hace tantos siglos.

San José

El nacimiento de este convento de monjas carmelitas hay que situarlo en tierras de Ávila, aunque su historia completa está ligada a Guadalajara y a sus fundadores los Mendoza. Fue concretamente una noble dama de Arenas de San Pedro, llamada doña Magdalena de Frías, quien a pesar de la relativa oposición que puso Santa Teresa a la fundación de este convento, por querer someterlo dicha señora a la dependencia del Obispo de Ávila, se inauguró en la villa abulense el 11 de junio de 1594, con arreglo a la manera antigua y secular de los Carmelitas. No obstante, el influjo universal de Teresa de Jesús, hizo cambiar de opinión a las monjitas, y tres años después entraban en la Reforma del Carmen Descalzo.

Tal vez por la dureza del clima en aquella zona, por motivos de dificultad económica, o simplemente por el capricho de cambiar de sitio, las monjas pidieron a doña Ana de Mendoza [y Enrique de Cabrera], que a la par de ser señora de Arenas era también duquesa del Infantado, que las trasladara a Guadalajara. Aceptó doña Ana con verdadero gusto, y después de vencer la resistencia que el pueblo hacía a dejarlas marchar, con la ayuda del provincial de la Orden, fray Alonso de Jesús María, llegaron a Guadalajara en 1615, ocupando unas casas que la duquesa a tal fin había cedido en el lugar exacto

Fachada de la iglesia y el convento de San José, de monjas carmelitas, en la calle de Ingeniero Mariño de Guadalajara. En él se mantiene la misma Orden religiosa para la que fue fundado en 1615.

Interior del templo del convento de San José, obra maestra del arquitecto carmelita fray Alberto de la Madre de Dios, y en el que sobresale el aire barroco de estructura y altares.

que hoy ocupan las monjas. Era ya entonces la misma calle, la de Barrionuevo, donde dos conventos de monjas carmelitas dejaban oír sus campanas.

A poco de llegar a la ciudad del Henares, ya contaban estas carmelitas de San José con más ayudas de las que esperaban encontrar, pues no sólo el patronato de los duques del Infantado, sino la institución de numerosas memorias pías por vecinos de la ciudad hicieron crecer sus dominios y ahorros hasta un límite de auténtica opulencia.

Poco duraría, sin embargo, esta situación. En el comienzo del siglo XVIII, con los sustos que los religiosos y religiosas se llevaron al ver sembrado por la guerra [de Sucesión] el territorio patrio, comenzó la decadencia, aumentada en los días de la invasión francesa, en que hubieron de hacer un mutis forzoso, al igual que en 1822. Volvieron una y otra vez al convento. No les alcanzó el rigor de la Desamortización en todas sus peores consecuencias pero sí lo suficiente como para venir a la indigencia y llegar hasta 1936 en pobres condiciones. Nueva exclaustración y nuevo regreso. Siguen siendo, hoy todavía, "las Carmelitas de Abajo", aunque "las de Arriba" ya no estén en esa calle, sino en Iriépal.

El edificio es de compleja estructura, porque se juntaron dos grandes caserones propiedad de los duques del Infantado, para acoger a las monjas que venían de Arenas de San Pedro. Se les compuso como se pudo un claustro, y se añadió la iglesia, que esta fue construida a principios del siglo XVII, y la diseñó el arquitecto santanderino fray Alberto de la Madre de Dios, uno de los genios del manierismo castellano.

Esta iglesia conventual fue realizada a partir de 1625, y consta al interior de una sola nave y planta de cruz latina, con hornacinas laterales (que son novedad en estos templos) cúpula sobre el crucero de ligero ensanchamiento en planta, y coro alto a los pies, con gran altar barroco del mismo siglo en la capilla mayor, y otros dos del mismo estilo, algo posteriores, a los lados del crucero. Ese retablo mayor, que se puso en 1674, confiere al pequeño templo un aparato de grandiosidad que le marca y se reposa en el recuerdo de quien por primera vez lo contempla. Existe en dicho templo, como obra destacada entre la orfandad artística del convento, un gran cuadro representando a Santa Teresa de Jesús, a quien un Angel intenta herir con su lanza de amor divino. Está firmado en 1644 por Andrés de Vargas. Sobre el crucero, en las pechinas de la cúpula de media naranja, aparecen pintadas cuatro santas carmelitas.

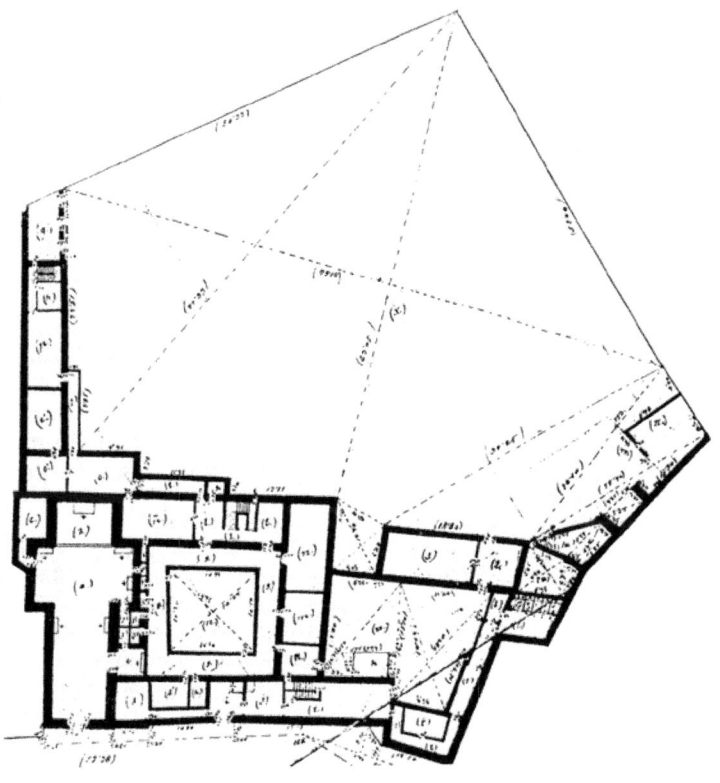

El plano del convento de las monjas Carmelitas de San José, de Guadalajara, desvela las dimensiones de este edificio, y los porcentajes dedicados a huerta y patios. Se distingue, además, cómo el conjunto fue construido a partir de dos casas anteriores, aprovechando para claustro el patio de una de ellas. La iglesia, lo más moderno de todo, en el ángulo noroeste del conjunto, fue planeada, trazada y dirigida por fray Alberto de la Madre de Dios.

Ese año de 1625 recibió el arquitecto de las monjas un poder para concertar y contratar con maestros de obras su compleja construcción. En diciembre de ese mismo año los maestros madrileños Francisco del Campo y Jerónimo de Buega (habituales colaboradores del arquitecto) presentaban las fianzas para encargarse de hacer esta obra, que se acabó en 1644. El diseño que realiza el arquitecto carmelita es un templo que ofrece orientada su fachada a la calle ya existente (la de Barrionuevo baja) en la que coloca una fachada-pantalla en su frente, alargando el muro por levante, en ladrillo crudo, y poniendo en el centro de ese largo paramento la humilde entrada a la casa de religión. La fachada del templo es muy representativa de la estética ofrecida por el autor: tiene un solo hueco de arco semicircular flanqueado por pilastras de estilo toscano, con hornacina alta de frontón curvo y figura del santo titular; escudos laterales (a la derecha el del apellido Frías, un lobo pasante ante un árbol, y a la izquierda el de los linajes Mendoza y Luna), que acompañan a la ventana del coro, coronando el conjunto con un frontón de espejo central. Encima del muro derecho de la iglesia, en su lateral, se alza una espadaña con remate piramidal y dos huecos para las campanas, que hoy siguen sonando a sus convenientes horas.

El mejor estudioso de la obra [redescubierta] de fray Alberto de la Madre de Dios, el profesor José Miguel Muñoz Jiménez... opina que *"sorprende la puerta reglar con una portada adintelada de caracter vignolesco... Por su parte, el interior presenta decoración a base de elementos geométricos, algo más tradicionales que en otras obras. La media naranja tiene costillones y cinchos. El entablamento de la cúpula presenta las líneas del orden dórico de Vignola"*. Para fray Alberto de la Madre de Dios este templo guadalajareño debió resultar muy especial, porque se sabe que en 1622 había ingresado en la comunidad su sobrina, fray Inés de Jesús María.

El convento, que sigue vivo a día de hoy, y con nutridas vocaciones, es de clausura. Pero la iglesia puede visitarse, bien de mañana, cuando la primera misa del día. Es sorprendente el ambiente barroco, cuajado de luces y formas.

Santísima Trinidad

La antigua iglesia de San Nicolás, sede del arciprestazgo arriacense, y obra primitivamente mudéjar, ocupó el solar donde hoy se ubica el Banco de España, y fue derribada en el siglo XIX, trasladando su advocación y algunas, muy pocas, obras de arte en ella contenidas, a la frontera iglesia del colegio jesuita de la Trinidad, donde hoy tiene asiento esta parroquia.

Este solemne edificio religioso, que adorna con sus barrocas fórmulas el centro de la ciudad moderna, tiene una fachada de fábrica de ladrillo sobre zócalo de piedra, y un conjunto de portada barroca realizado en piedra de Tamajón, consistente en arco semicircular escoltado de un par de columnas con capiteles corintios, sobre las que apoyan sendos inicios de un frontón partido en los que apoyan ángeles genuflexos, y en el centro del conjunto una talla de la Santísima Trinidad presidida por un Sol, y rematando el conjunto con hornacina en la que aparece estatua de la Fe, obra todo ello de finales del XVII. El interior, en la más pura línea de las construcciones jesuíticas, es de un arrebatado barroquismo; su planta es de cruz latina, con capillas a ambos lados del tramo de los pies, y tres naves separadas por anchísimos pilastrones; un crucero muy acentuado sobre el que apoya, sobre pechinas, una enorme cúpula semiesférica con balconada a su alrededor y prolija decoración de

yeserías barrocas, en cornisa, chaflanes, frisos y pilastras. Sobre la pared del fondo del presbiterio, el altar mayor es una soberbia pieza barroca con columnas salomónicas cubiertas de pámpanos y uvas, y en el entablamento una serie de ángeles contorsionados que escoltan al grupo de talla, magnífico, de La Trinidad. En el centro del conjunto aparece un moderno Crucifijo, obra del escultor Navarro Santafé, puesto allí en los años setenta del siglo XX.

La historia de esta casa jesuítica es simple: fundada por un grupo de nobles alcarreños a finales del siglo XVI, con ánimo contrarreformista, no sería hasta 1619 la llegada de los jesuitas, gracias al empuje de la familia de los Lasarte. Se abrió primero el Colegio y convento (1631) y luego la iglesia (1647), creciendo sin parar en riquezas y poderes. Hasta 1767, en que los jesuitas fueron expulsados de España por un real decreto, y el conjunto dedicado a parroquia de San Nicolás. Su estructura, antes lo hemos dicho, recuerda, como en miniatura, al Gesú de Roma, y la memoria del jesuitismo al menos queda en sus proporciones y blasones.

Portada de la actual parroquia de San Nicolás, en "El Jardinillo" de Guadalajara
Era esta la iglesia dedicada a la Santísima Trinidad, y pertenecía al adjunto Colegio / Convento de padre Jesuítas, que en el siglo XVII fue fundado por la familia de los Lasarte en casas de su propiedad adjuntas al todavía existente palacio de los Condes de Coruña. Al derribarse en el siglo XIX la iglesia de San Nicolás que ocupaba el solar en que hoy se alza el Banco de España, aquí se trasladó la advocación y muchos elementos de aquella iglesia, como el enterramiento del caballero don Rodrigo de Campuzano.

San Juan de Dios

Breve fue la estancia en Guadalajara de la caritativa Orden de San Juan de Dios, pues, aunque desde su fundación poseyeron algunas tierras en término de Villaviciosa, que utilizaban para alimentar sus ganados, la entrada en Guadalajara capital se les hizo dificultosa y complicada, pues habiendo solicitado del Concejo en 1610 la oportuna licencia para asentarse en la ciudad, no lo consiguieron. El ambiente creado por ellos mismos poco a poco, y el estado de abandono y mala asistencia que se venía padeciendo en el Hospital de la Misericordia, hizo que, ya en 1631, fuera de nuevo el Concejo arriacense el que, por boca del regidor don Agustín Caniego de Guzmán, solicitara de la orden su presencia aquí, para poner un poco de orden y auténtica asistencia sanitaria a los enfermos pobres "de la Misericordia". El 14 de mayo de dicho año entraron en la ciudad estos *"religiosos de la Orden de la hospitalidad de San Juan de Dios, instituto de los más heroicos y útiles"*. El Hospital referido estaba instalado en la calle y plazuela que hoy lleva el nombre de la benemérita orden que se encargó de atenderlo. Sobre sus amplias y destartaladas salas estuvo en el siglo XIX, tras la exclaustración de Mendizábal, la Escuela Normal de Maestros, que a mediados del XX fue derribada para alzar sobre su solar un moderno e inexpresivo edificio.

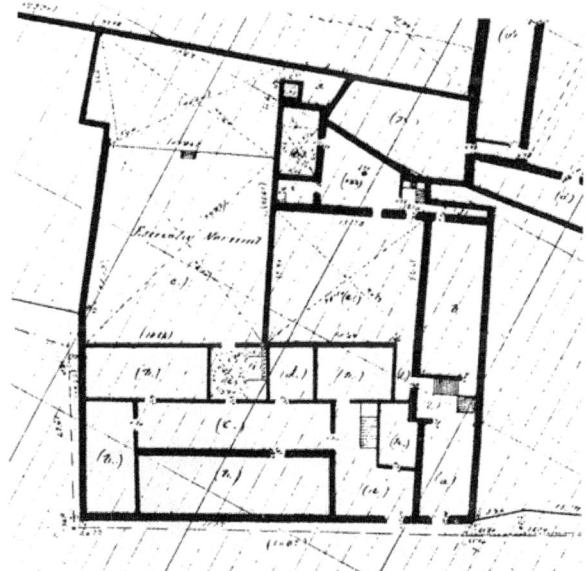

Plano de la Escuela Normal de Guadalajara (1880)
donde estuvo instalado el convento hospital de los
Hermanos de San Juan de Dios, siglos XVII al XIX

Ninguna imagen ha quedado de este centro de piedad, en el que, sabemos, se hicieron funciones de teatro en su patio, cuando ejercía de hospital de la Misericordia.

La Epifanía

En el corazón de la vieja ciudad se encuentra todavía, aunque cambiadas las manos que le dirigen, un antiguo convento que forma parte de la historia de la ciudad. Un enorme edificio y una más que amplia huerta a la que han ido comiendo terreno por allá y por acá, para construir edificios de nuevo tono. Pero el Convento de los Carmelitas sigue vivo, en alto, y dando silueta a la ciudad de Guadalajara.

Fue un eclesiástico adinerado, don Baltasar Meléndez, de quien quedan las armas talladas, junto a las de la Orden del Carmelo, en la fachada de la iglesia conventual, quien en 1631 donó una cantidad enorme (100.000 ducados eran mucho dinero) para que la Orden carmelita fundara en el centro de Guadalajara. ¿Motivo de la generosa donación? Meléndez se había declarado entusiasta de Santa Teresa de Jesús, de sus libros y sus mensajes, y había dado todo su caudal para esta misión. Y decía un historiador de por entonces, Núñez de Castro, que *"ha descollado en breve tan hermosamente el edificio que a no satisfacerse los ojos se hiciera sospechosa, en tanto apresuramiento, la firmeza"*.

Dispusieron los frailes que su convento se llamase "de la Epifanía" o de "los Tres Santos Reyes". Con ese nombre se le cataloga siempre. Aunque con los avatares posteriores, ahora se le conoce simplemente por "el Carmen", porque aunque mantenido por franciscanos durante el último siglo, y por las madres concepcionistas, el culto a la virgen del Carmen, la patrona del Carmelo, ha sido ininterrumpido. Menos culto se le ha dado a la Epifanía, esa es la verdad, pero el nombre ha quedado en los documentos.

La fachada de la iglesia del Carmen, en Guadalajara, correspondiente al convento de frailes carmelitas que bajo el apelativo de La Epifanía o Los Santos Reyes, fue eje de la devoción carmelitana en la ciudad, durante varios siglos.

En 1836 fue desamortizado, quedando este convento, como otros miles más en toda España, a disposición del Estado. Se utilizó en principio como almacenes estatales, depósito de quintos en las levas para guerras, luego se utilizó como primer destino de un Instituto de Segunda Enseñanza, y aún parece ser que actuó como depósito carcelario durante algún tiempo. Poco a poco deteriorándose, cuando el reinado de Isabel II se destinó nuevamente a convento, (1867) alojando allí a unas cuantas monjas franciscanas concepcionistas de la Reforma hecha por sor Patrocinio, "*la monja de las llagas*", consejera de la Reina. Allí vivieron y cuidaron del templo, siendo enterrada su fundadora en la gran capilla aneja al brazo del Evangelio. En el edificio continúa una pequeña comunidad de estas monjas concepcionistas, que guardan el culto a Nuestra Señora del Olvido, Triunfo y Misericordias, la advocación preferida de Sor Patrocinio, y se añadió una comunidad de frailes franciscanos descalzos, que en 2019 lo abandonaron por haber sido llamados sus individuos para mantener otras comunidades franciscanas en España. El templo del Carmen, sin embargo, sigue activo y reúne una buena cantidad de fieles a diario.

El templo es de una valía excepcional, por sus dimensiones y decoración, y por la autoría de sus planos, que se deben al montañés fray Alberto de la Madre de Dios, uno de los grandes arquitectos del Barroco español. La portada de la iglesia, construida en los años inmediatamente posteriores, posee la típica estructura de los edificios carmelitanos. En ella alterna el rojo del ladrillo con la blanca piedra de Horche. Tres arcos semicirculares soportan la carga de un gran paramento dividido en tres calles por pilastras de ladrillo. En el interior, de tres naves, destaca una pintura de la Trinidad, del siglo XIX, en el remate del altar mayor, y en el extremo de la epístola del crucero una gran reja de coro desde la que puede contemplarse la tumba de Sor Patrocinio. Su espacio es solemne y severo, no carente de elegancia. Los retablos, totalmente modernos, de la segunda mitad del siglo XX, y en las pechinas de la bóveda del crucero, las pinturas de los cuatro evangelistas, debidas al pincel del pintor alcarreño Carlos Santiesteban.

San Diego de Alcalá

La congregación de Adoratrices Esclavas del Santísimo Sacramento y la Caridad, más comúnmente conocida como la de las Madres Adoratrices, es fundación, en el siglo XIX, de la alcarreña Madre Sacramento, en el siglo María de la Soledad Micaela Agustina Antonia Desmaissières y López de Dicastillo, a quien la Iglesia santificó y puso en altares, por su gran labor evangelizadora y protectora de los pobres. Beatificada en 1925, finalmente en 1934 fue elevada a los altares como santa de la Iglesia Católica.

En Guadalajara se instalaron las Adoratrices en lo que iba a ser un gran centro de acogida de pobres fundado por su sobrina, la Condesa de la Vega del Pozo, doña María Diega Desmaissières y Sevillano, a las afueras de la ciudad. A la muerte de esta, el centro que llevaría el título de Fundación y Colegio San Diego de Alcalá fue entregado a las Adoratrices, que en él se instalaron en 1925, teniendo desde entonces función educativa, y manteniendo el gran espacio arquitectónico que la fundadora creó con la ayuda del arquitecto Ricardo Velázquez Bosco, en los finales del siglo XIX y principios del XX.

Es digno de destacar en esta institución, tanto la fachada principal del edificio conventual, como el claustro y la iglesia, todo ello en un estilo neo-románico no exento de encanto. El ingente mausoleo

Fachada de la Fundación San Diego de Alcalá de Religiosas Adoratrices

o «Panteón» que la fundadora erigió para enterramiento de sus padres frente al Convento, es obra excepcional del eclecticismo, y en su cripta se admira su enterramiento magníficamente tallado por Ángel García Díaz, en una prueba más del clásico aparejamiento «religión-ostentación» que en gran parte de la aristocracia española ha privado a lo largo de los siglos.

Sería largo y prolijo hacer aquí detallada descripción del conjunto de edificios que integran este convento, esta Fundación que hoy es de enseñanza pero que inicialmente fue concebido como Asilo de Acogimiento a grupos marginados de la sociedad. Con mucha razón se tiene hoy a este conjunto como uno de los más llamativos del patrimonio monumental de Guadalajara. Tanto el edificio central de los asilos, con un claustro imponente, como la iglesia que ha sido cedida al obispado para ser utilizada como parroquia (dedicada, por supuesto, a Santa María Micaela), y sobre todo el Panteón, que se conoce como de la Duquesa de Sevillano, son obra espectacular de un tipo de arquitectura que dio sus mejores resultados en las fechas de la Restauración, a finales del siglo XIX y principios del XX, y en manos de diversos arquitectos, entre los que brilla sobre todos Ricardo Velázquez Bosco, autor de este conjunto.

Bibliografía

Bonilla Almendros, Víctor. *El Monasterio de San Francisco en Guadalajara*. Ayuntamiento de Guadalajara. Guadalajara, 1999

Diges Antón. J.: *Resumen histórico del convento de monjas clarisas de Guadalajara*. Guadalajara, Taller Tipográfico de la Casa de Expósitos, 1917.

Herrera Casado, A.: *Monasterios y conventos de la provincia de Guadalajara. Apuntes para su historia*. Guadalajara, Excmª Diputación Provincial de Guadalajara, 1974.

Herrera Casado, A.: *Monasterios medievales de Guadalajara*. Aache Ediciones. Guadalajara, 1997.

Herrera Casado, A.: *Monasterios y conventos de Castilla La Mancha*. Aache Ediciones, Guadalajara, 2005.

Herrera Casado, A.: *El Panteón de la Duquesa de Sevillano en Guadalajara*. Aache Ediciones. Guadalajara, 1993.

Layna Serrano, F.: *Los conventos antiguos de Guadalajara*. Madrid, C.S.I.C., 1943 (Hay nueva edición de Aache Ediciones, Guadalajara, 2010, con muchas fotografías).

Layna Serrano, F.: *Las Tablas de la Iglesia de San Ginés, en Guadalajara*, "Boletín de la Sociedad Española de Excursiones", XLIV (1936-39), páginas 89-102.

Layna Serrano, F.: *La iglesia trecentista de Santa Clara, en Guadalajara.* "Arte Español", XIII (1941), pp. 11-17.

Layna Serrano, F.: *Alonso de Covarrubias y la Iglesia de La Piedad en Guadalajara.* "Boletín de la Sociedad Española de Excursionismo", XLV (1941), pp. 31-48.

Ortiz García, A.; Herrera Casado, A.: *El palacio de don Antonio de Mendoza en Guadalajara.* Aache Ediciones, Guadalajara, 1990.

Índice Onomástico

HÍZOSE

este libro dedicado a recordar los
antiguos conventos de Guadalajara
en los estudios de la editorial Aache
y acabóse de imprimir el día
8 de marzo de 2024,
dedicado a la memoria de
San Juan de Dios
fundador de la Orden Hospitalaria